捨てればひろえる幸運の法則

佳川奈未

幻冬舎文庫

捨てればひろえる幸運の法則

CONTENTS

第2章 すぐに運気UPする『ハッピーをひろう生活習慣術』

さらに捨てることで、幸運ひろい上手になる日常の過ごし方

ハートがイキイキしてくるまえがき

それを捨てることでこそ、ひろえる運がある！

いいものを迎え入れ、受け取るスペースが大切なのです！

神戸から東京に上京するとき、私はすべてのものを〝捨てて〟きました。

そうです。裸一貫で、こっちにやってきたのです。

長年使っていた家具も、生活をともにしていた電化製品も、あれこれあった洋服も、思い出のあるいろんな品物も、とにかく、すべてすべて捨てて、バッグひとつで〝東京での新しい人生〟に入ってきたのです。

きっと、もう、いままで使っていた古いものなど、新しく生きる場所では必要ないだろうと思っていました。

なぜなら、そのときの私は、不本意な現実に甘んじてめそめそ泣き暮らす頼りない人間から、好きな道を本気でまっとうしたいと願う人間に変わっていたからです。**持っていたのは、〝あふればかりの夢〟と〝本気の思い〟と〝未来への希望〟だけでした。**

そんな私のやり方に、親戚や友人は、

「もったいない……なにもぜんぶ捨てていくことないじゃない。まだ、あれも使えるし、これも使えるのに……」

と、私が物を捨てることに対して、もったいないを連発していました。

私が「もうこれは、使うことのないものなの。いまの私には必要のない、いらないものなの」と言っているものにまで、執着ぶりを見せるほど……。

なので、使いたいという人がいるものはみんなふり分けてあげたり、リサイクルに出したりして、とにかく、そんな声がもう誰からも出なくなるくらい、きれいにすべてを処分したのです。

いま思い起こしても、私は、とてもいさぎよく、本当にすべてのものを捨ててきました。

捨てながら、どんどん気持ちが整理されていくのがわかりました。心が軽くなるのがわかりました。人生が変化していくのを、はっきりと感じました。

捨てているのに、何かがなくなるという意識はまったくなく、むしろ、新しいチャンスをたくさんひろっているようでした。

〝捨てる〟とは、〝もう二度と、それ自体をひろわない〟ということでもあります。

もしも、捨てたあとに何かを〝ひろう〟ことがあるとすれば、捨てたそれとは違

うものです。自分が捨てていない別のものなのです。まったく新しいものなのです。

私の中には、すがすがしい風が吹いていました。神様から、もう一度生まれなおして生きることを許されたような、幸運の風が通っているかのように。

上京する新幹線の中では、私の奥に滞っていたものまですべて捨て去るかのように、涙がとめどなくあふれて、3時間とまりませんでした。

悲しいのでもなく、せつないのでもなく、さみしいのでもなく……。

新幹線が東京に着いたとき、空は、青く澄んで晴れ渡っていました。

「よく来たね！」と、この場所が私を暖かく迎えてくれているようでした。

そのあとすぐに私の作詞した歌のレコーディングがあったので、急いで録音スタジオ入りしました。そのときの歌は「わくわく生きよう！ ～Dear My Life」と、

「大切なもの」だったのを覚えています。

3時間前まで神戸にいたとは思えないくらい、東京は、私にすべきことをその日からたくさん用意してくれていたのです。

すべてを捨ててきたからこそ、スムーズに動けた一日でした。

それから一週間、仕事のスケジュールがぎっしりでバタバタしていたので、何も買いに行けず、新しく引っ越した家の中は、空《から》っぽのままでした。

しかし、神戸にいる私の妹も、東京の関係者も、そのことを知っていたので、私の仕事がようやくお休みとなった日に、新しいものがつぎつぎと、みんなの好意で家に送られてきたのです。

タオル類や食器などの生活用品も、肌着も洋服も、テレビも、お部屋を彩るきれいなお花までも……。

そして、驚いたことに、東京に着いたらまっさきに買いに行こうと思っていた、自分の著書を並べるための本棚までがやってきたのです。なんと、その家のオーナーの億万長者のご夫婦が、その日の朝9時頃に突然そろってやってきて、

「早い時間にごめんなさいね。実は、いま家具屋さんのトラックを下に待たせたままなの……。昨日、大学入学のお祝いにと、娘に本棚を買ったのだけど、いま届いたものを見てみたら大きすぎて、娘が『こんなに大きな本棚なんていらない』って言うから、困ってしまって……。**〝こんなにいいものなのに、荷物の多い娘の部屋には入りきらないので〟**、あなた、もらってくださらない？」

と言うのです。こんなふうにして、家具屋さんから届けられたばかりの、美しい高級な、私がいままで欲しくて憧れていた立派な本棚が我が家に届いたのです。

「えっ！　こんなに立派なものをいただいてしまっていいんですか？」

と聞くと、

「もらってくれてうれしいのは、こちらのほうなのよ」

と、言ってくださったのです。そのうえオーナーさまは、

「確か、あなたは、もう神戸にはご両親がいらっしゃらないし、こちらにも親戚やご友人がいないとうかがってます……。よかったら、私たち夫婦を実家の親だと思って、これからは、なんでも言ってきてください。どんなことでもいいので、頼ってくださったらうれしいですよ」

と、愛にあふれたお言葉までくださったのです。


こうして私は、本当は最も欲しかった、ドラマのような情感あふれる人間関係まで、いただくことができたのです。空《から》でやってきた自分に、みるみるいいものたちが押し寄せてくることに驚き、感動しました。

それからのその家での生活は、すべてを捨ててやってきた効果なのか、すべてが

受け入れられるいい状態になっていました。新しいお仕事もどんどん入ってきて、想像以上のお金もどんどん入ってきて、いいものがいっぱい届く家になって、そうして半年後には、さらに広い家に引っ越すこともできたわけです。

現在住んでいるこの新しい家にやってくるときも、やはりいらないものはすべて捨ててきました。

すると、おもしろいことに、今度の家には、お掃除のメンテナンスがもともとついていたのです。家中の大きな窓ガラスも、広いバルコニーも、床も壁も、排水管も、玄関も、家の周辺ぐるりも、すべてすべて定期的にお掃除されるし、毎日ゴミ出しできるような専用のスペースがもうけられていて、日々、処理清掃してくれる専門の人までいるのです。

まさに、幸運の気が定期的にやってくるような家なんです。

私は、捨てることでひろえる快適さや幸運や愛や感動や豊かさがいっぱいあるこ

とを知りました。そして、すべては捨てることでよりよく動いていることも実感できたのです。

なにより、一番よかったのは、長いこと習慣的につくっていた不本意な自分の考え方を捨てたことだと思っています。

不本意な自分を捨てることで、新しい自分を見つけようとする何かが働きはじめ、その結果、思い描いていた幸せを生きる〝自分と人生〟をひろうことができたのですから。

あなたも、これからの人生に、何か新しい〝いいもの〟を受け入れるスペースを確保してみませんか？

きっと、幸運は、驚くような感動とともに、あなたのもとにやってくるはずですから。

2007年3月　新しい運気がひろえる究極の春

佳川《よしかわ》　奈未《なみ》

第1章

運のいい人がやっている『ツキをひろえる身辺整理術』

今日から幸運をひろうために
捨てたいものはコレ！

余分な脂肪

不平不満が多い人は下半身が太る！
波動をよくしてキレイに痩せる！

その人の中の、どの部分がどのような状態になっているか（ここでは、どのように太っているかの状態を見ること）で、その人自身やその人の人生の問題がわかります。

そして、波動の観点から解明すると、どのように対処すればスッキリきれいに痩《や》せるのか、ラインを美しく整えられるのかの答えが出せるのです。

もし、あなたが今ダイエットのことで悩んでいるとしたら、これからお話しすることに心当たりがあるのではないでしょうか？

たとえば、女性は、下半身太りする人が多いのではないでしょうか。下半身（おなかや腰まわりから脚にかけて）が、上半身に比べてアンバランスなくらい余分な脂肪がついて重くなっていて、美しくないボディラインになってしまい、そのことで悩んでいる人も多くいるかと思います。なので、まず、そのことからお話ししましょう。

「波動の法則」で見ていきますと、不平不満が多く、何かにつけ文句ばっかり言っているような過ごし方をしている人は、おへそまわりから下腹あたりがぽってりしていて、異様な感じでおなかだけが出ている感じになっています。

たとえば、よろしくない考え方を持っている人のことを、〝腹黒い人〟とか、〝腹にいちもつ持っている〟という言い方をすることがありますが、まさに、その言葉の通りで、**よくない否定的な想念は、おなかの中にたまるのです。**

おなかの中にたまった悪い想念やストレスは、ネガティブな〝気〟でおなかの中を充満し、埋め尽くしてしまいます。なので、消化器官がやられたり（胃や腸の調子が悪くなったり）、女性なら、生理不順になったり、ひどい生理痛を引き起こしたり、婦人科系の病気を引き起こしたりしてしまうこともあるのです。それがエネルギー波動（自分の持っているエネルギーの微弱振動の質）の影響なのです。リンパ・血液・ホルモン分泌や新陳代謝を、ネガティブな想念がくるわせたりするから、こうした症状が出るのです。

また、そのネガティブなエネルギーは同時に〝邪気〟（人間にとって毒となる悪い気）を発生させ、脇腹《わきばら》からそれを出してしまっています。そして、他人はそれを無意識に感じとるので、そういう邪気を出している人から、自然に離れようとする行動になってしまい、人間関係をともなった問題まで引きつけてしまうのです。

このように、不平不満やよくない感情や考えは、ネガティブなものとなって、あなたの中で重たいエネルギーとなり、物事を停滞させたり、底に沈みこむようなずっしり重いものを形づくろうとして、身体にも表れてしまうのです。

こうした影響で、おなかまわりの細胞の働きが悪くなって、異常に余分な脂肪がつくことになるのです。

人の悪口や批判ばかりしていて、悶々《もんもん》としていると、ウエストまわりがどんどん太ってきて、いままではいていたズボンやスカート、ワンピースなどが、どんどん入らなくなるくらい、急激に太ります。

また、何もかもが許せないというようないらだちや生活の中で発生するストレスで、自分自身がいっぱいいっぱいになってしまっているときなどは、顔がぶくぶく太ってきたり、変なむくみ方をしたりして、ふてぶてしく肥えた感じになってしまいます。そんなときは若くてかわいい顔立ちであったとしても、一気にどこかの怖い中年おばさんのような顔つきになってしまったりするのです。

また、生きていくことに困難を感じたり、自分の人生を歩くのがおっくうになってきたりすると、お尻の下から太ももにかけて、象のようにぼってりした太り方をしてしまいます。

つまり、その人の心の状態が不平不満だらけで、イライラするストレスを溜《た》めまくっていて、そのくせ生き方の改善をしようともせず、他力本願に明日を過ごすことばかり考えていて、もう何もかも面倒くさいからと、生きることを投げてかかっているような状態でいると、全体的に、いやな太り方をしてしまっている、ということなのです。

最初に書いたように、ネガティブなものはすべて重い停滞エネルギーとなり、自分の中の下のほう（自分の下というのは、身体の下部ということであったり、自分の質の低下ということであったり、人生のレベルダウンということもいえます）にいってしまうわけです。

ですから、余分な脂肪が異常につくというのは、ずっしりと重く停滞してしまった自分自身の精神状態があって、それに細胞が反応し、ふさわしい状態を体現してしまったともいえるのです。

そして、身体がそんな状態になっているにもかかわらず、自分の中のよくないものを捨てたり、排除したり、改善したりしないで、溜め込んで抱えたままにしていると、今度は、自分をとりまく環境の中で、恋愛や人間関係、仕事などにまでよくない影響を与える現象として働いてしまうのが、**「波動の法則」**なのです。

ですから、もしも、**ぶくぶくになった不本意な自分を改善したいと思ったら、まず、自分の抱えている思考や感情から取り組むのがいいのです。**

しかし、このようなお話をすると、

「えっ!? 私は、過去にぶくぶく太ってしまって、イヤになって、でも、そんな波動のことなど知らなかったから、エステサロンに行って痩身《そうしん》のコースを受けたら、痩せられたよ！」

とか、

「そんな自分の内面と向かい合ったりするような面倒をしなくても、ちょっとご飯を減らしたり、食べるものを変えたりしただけで、脂肪がなくなって、スッキリしたわよ」

と、おっしゃる方もいらっしゃるでしょう。

が、しかし、それもまた、まず自分の考え方やあり方を変えたということが先にあって、後からサロンに行くということや、食生活の見直しをしたという行動がついてきたということなのです。

つまり、余分な脂肪を蓄えすぎたことで、スタイルなり毎日のあり方なりが、不本意なことになっていて、毎日そういう自分の姿を見ているうちに、〝なんとかしたい！〟とか、〝このままじゃダメだ！〟とか、〝いっそのこと変わらなきゃ！〟とか、あるいは、〝もっと美しくなりたい！〟〝もっとキレイな私で恋愛も仕事も幸せにうまくいかせたい！〟と、ネガティブで不本意な自分を捨てて、ポジティブな思いを持ったからこそ（しかも、自然と自分自身で）、その瞬間に、エネルギー波動が軽くなって、身体が重たいものを排除する行動に向かったということなのです。

波動の法則では、ポジティブなものは、軽くてさらさらしているもので、ふわっと上へ上へと昇ろうとする気を発生させるのです。
つまり次元の上昇を実現させるエネルギーです。

その〝気〟は、エネルギーそのものであり、エネルギーは必ず、同質の現象をつくりだす方向に働くので、ポジティブなエネルギーを常に持ってさえいれば、自分自身や自分の人生からは重たいものが消え、軽やかで何もかもがうまくいく、快適で幸せな状態になってくるのです。

そう、つまり、身体からは余分な脂肪が消え、恋愛もうまくいき、人間関係もよくなり、仕事もスムーズにいくようになるのです。

ポジティブな思考のおかげでエネルギーが活性化され、心が軽やかで明るくなれるので顔の表情も変わり、あなた自身のあり方もよくなって、滞りや停滞につながる原因もなくなっているので、物事がスムーズに動くようになるからです。

そして、最後に、ひとつ……。

あなたのまわりにいる、恋愛も人間関係も仕事も夢の実現も、なにもかもスムーズにスイスイいっているようなハッピー感の漂う憧れの女性を見てみてください。

そういう人は、やはり、重たくどろどろしたネガティブなものがなく、軽やかで爽やかで、見ていても気持ちがいいはずなのです。

いつも、どんなときも、**エネルギーは嘘をつかない**ので、その人の中にあるエネルギーと同質のものを、その人の外側にも、現実に生み出すだけなのです。

キレイに痩せたい人は、いますぐ自分の中の資質のよくない不本意なところを見つめ、改善したいと明るく前向きになってみてください。

そのとたん、身体によくない食べ物を受け付けるのはイヤになり、自然と身体にやさしい食生活にしていこうとするはずです。そうしているうちに、やがて体質が改善されたり、血液がさらさらになって血液循環もよくなり、リンパもスムーズに流れ、活性化された気がエネルギーとなって、脂肪が燃焼するようになるはずですから。

また、ネガティブだったときには、その思考や悩みごとのせいで、呼吸が浅くなり、必要な酸素をうまく体内に取り入れることができていなかったのが、ポジティブになって本来の健康的な呼吸に戻ると、うまく酸素を体内に取り入れることができるようになります。そして、有酸素運動が順調に快適に行われるようになり、すべての細胞がうまく酸素を取り込んで、必要な栄養成分を各器官に届ける助けをするようになるので、脂肪燃焼にも結びついていくのです。

ポジティブになって、活発に行動的になると、さらに、余分な脂肪がつきにくくなりますから、美しい自分のスタイルを実現することができるのです。

ちなみに私は、「よし、人生をここからうまくいかせるぞ！」と、一念発起してから3カ月で、特にサロンに行ったりすることなしに、8キロ痩せて、7号サイズになり、いまでもそれを維持しています。

上手に〝捨てる〟コツ

なみちゃんのミラクル波動ダイエットで〝脂肪を捨てる〟ポイント

不本意についた余分な脂肪を捨て、スッキリきれいに痩せ、同時に、美しい自分と軽やかハッピーな上昇人生を叶《かな》える秘訣はコレです！

❶まず、鏡で、自分自身の身体やボディラインや顔つきをよく見て、不本意な部分を見つけ出す！　そして、それを改善する決心をする。

❷自分の中にある不平不満・愚痴・批判・自己卑下・ストレスなど、とにかく自分を重くさせていると感じるものを捨てる。

❸❷を捨てて、毒素や脂肪がなくなった、新しくキレイな自分で、本当になりたい自分のスタイルや叶えたい理想の人生を思い描く！
(なぜ、❷のあとにこうするかというと、ネガティブな自分のまま何かを考えても、ネガティブなことしか思い描けないものなので)

❹　なりたい理想の自分のスタイルをイメージする。

理想を実現した自分がどのようにふるまい、どんなことをして、どういう人生をエンジョイしているのか、リアルにイメージすることが大切です。なぜなら、人は、自分がイメージできないことや、想像もできないものなど、実現しようがないからです。

逆に、うまくありありと描けたイメージには、まるでそれが本当になったかのような感情が発生するものです。その中で生じたわくわくしたものが、さらに感情を前向きにかきたてたり、活性化された思考とエネルギーを生み出したりして、実現に導く行動力をくれるのです。

❺　食べ物を選ぶとき、食べたいのに何かを我慢するということではなく、暴飲暴食を控えたり、偏った食事傾向にならないよう、メニューや量を考える。ケーキや甘いものを食べたいときは、身体が糖分を欲しがっている場合もあるの

で、食べていい。

そのかわり、そのときは食事のカロリーを、朝・昼・夜の食事の場面のいずれかで、うまく調整する（カロリーブックなどを参考にしてもいいでしょう）。

❻ダイエットのためには食べ物をどのように制限するかなど、気にしすぎたり、神経質に考えなくてもいい。なぜなら、思考が変われば、不思議と自然に、自分の身体にとってよくないものを受け付けたくない気持ちになり、自分の身体にとってふさわしいものや良いものを摂取するようになるからです。

たとえば、たばこやアルコールを大量に摂取することに嫌気がさすでしょうし、暴飲暴食に走らないようになるでしょう。

暴飲暴食は、過度のストレスであることが多く、ストレスをうまく改善できる自分自身や状況をつくれるようになれば、おなかの中を痛めつけるような行為はしなくなるものです。

女性は、生理前など、ホルモンの関係で〝食べたくて食べたくてしかたない〟という、食欲旺盛になる何日かがあったりもするものですが、そういう生理前の状況でのことは、生理が来たとたんおさまるものなので、気にしなくても大丈夫でしょう。

❼ サイズダウンやよりスリムなボディを叶えたいときは、いきなり大きく極端に瘦せることに走らず、まずはワンサイズダウンすることを叶えるようにします。11号の人なら9号に、9号の人なら7号にと。

私が実際にやってみて、最も効果があったのは、実際に瘦せたときに自分が一番に着てみたい7号サイズの洋服を買ってきて、いつも部屋に飾り、「今日は、着られるようになったかな？ まだかな？」と、それを着ることができるように楽しくトライしたということです。

結果、3週間もしないうちに、着られるようになりました！

(ダイエットを始めて、瘦せかけているのがなんとなく感じられたときにこのお洋服作戦をすると、気持ちに拍車がかかり、細胞もそれについてきてくれる

ような感じがして、効果が出るのも早かったです）

❽ダイエットは自分のタイプに合ったものをする。

たとえば、運動をしたり、ジムに通うのが嫌いな人は、なにもその方法を選ばなくても、流行《はや》りの半身浴をするのもいいですし、人の手やマシンの手をかりてラクラク楽しく優雅にできるサロンでのダイエットもいいでしょう。

また、逆に、お金もないしサロンにも通えないし、食事のメニューや量の調整もしたくないという方は、運動して余分なものを消費させるのもいいでしょう。

とにかく、自分が無理したり、暗い気持ちになったり、しんどくなったりしないというものを、楽しくルンルン続けられるようにするといいのです。

❾理想の自分のスタイルや、ライフスタイルを持つ「時期を明確にする」ことが大切。どんなに素敵なプランも、時期を設定していなければ、現実味のない

話であり、ただの理想になってしまいます。

どんな夢を実現させるのにも、時期設定がなくては、物事は具体的に動きませんし、形にするためのエネルギーもそれなりのものとして発生しませんから、必ず時期を設けることで、より現実的にしていきましょう。

肌に合わない化粧品・使いかけで残った古い化粧品

細胞は反応しながら〝あなたの肌と運気のコンディション〟をつくっている

顔は、「世間のご加護」を受けるパーツです。

そんな大切な場所に、自分の肌と合っていない化粧品をつけていたら、自分自身の顔が美しさを失ってしまうのはもちろんのこと、運気的にも、世間とのかかわりや人間関係の運を落とすことにもなりかねません。

自分の肌をいたわってベストコンディションにすることで、世の中と気持ちよく、運よくつきあっていきましょう。

自分の肌に合わない化粧品を使うこと自体、自分自身を大切にしていないというサインでもあり、皮膚の細胞に対して負担を与えていることにもなります。
なので、肌につける化粧品は、絶対に肌にしっくりくる自分の肌質に合うものを使うことが一番です。

たとえば、化粧品を買いに行ったときに、まったく買うつもりはなかったのに美容部員の人に強くすすめられて仕方なく買ってしまったものがあるでしょう。買ったはいいが、使うたびに、肌が赤くなったり、やけにつっぱったり、かさかさしたり、荒れたり、ぽつぽつ発疹やかゆみがでたり、チリチリするような刺激を感じたりするというようなものは、使うのをやめ、この際、捨ててしまいましょう。

それが何万円もした栄養クリームやエッセンスであったりすると、高価なものだから捨てたりするのはもったいないと思うかもしれませんが、自分の肌（細胞）に合っていないのなら、使うのをやめましょう。

あなたの意識は、その品物と値段の間で、もったいないという気持ちに揺れるかもしれませんが、あなたの細胞は、そんなものは欲しくないと抵抗を表しているのです。

そして実際に肌は、それをあなたに知らせるために、何かしらのトラブルや反応を示すことで、あなたに使い続けることをやめるように訴えているわけですから。

細胞は、いつもあなたを守るべく、まちがったものが肌に進入するのを防ぐべく、瞬間瞬間に、反応を返してくれるものです。そのくらい細胞の判断能力というのは正しいのです。

私は作家になる以前にいた会社で、美容コスメやアメリカのサプリメントの商品開発をしたり、エステサロンを立ち上げたりするための美容・広報部長をしていたことがあります。そのときに、アメリカ・ロサンゼルスの皮膚医学の権威から、〝正しく肌を守ることこそ最大の美肌づくりである〟ことを教わって、ロサンゼルスで美容に関するディプロマを取得したのですが、まさにそこでは真実の美が追究されていて、感動したことをよく覚えています。

〝肌を守ること＝高価なクリームで保護すること〟ではなく、〝余分な負担をかけないこと！〟であったからです。

化粧品は、値段の高い安いに関係なく、肌の負担にならないものを適度に使うことで、肌は、本来細胞が持っている自然治癒力をＵＰさせ、自らきれいになろうとすることができるのです。

過保護にされすぎた肌は、かえってトラブルを引き起こしやすいのです。

そもそも、使いかけで長いことほったらかしにしている化粧品は、品質的にも問題がありますので、〝いつか使うだろうし……〟などと、とっておくのはやめたほうがいいでしょう。

また、どこからかもらった試供品が溜まっている人も多いのではないでしょうか。使わないで溜めているだけだったら、せっかくの試供品もムダになってしまいます。しかも時間が経《た》っていたら、劣化してしまっています。そんなわけで、不要なら思い切って捨ててしまいましょう。

上手に〝ひろう〟コツ

肌にしっくりくる、細胞がよろこぶ基礎化粧品はコレ！

□ 使おうと手にとった時点で、手のひらの中で良い感触があり、使うのがうれしい気持ちになるもの。

□ 実際に肌にのせたときに、あるいは使っていくうちに、肌が柔らかく優しくなっていくのを感じられるものはGOOD!

逆に、肌が硬くなるのは、肌が緊張している証拠。あなたの細胞が緊張して反応するような何かしらの成分が入っているものは合わないと考えます。

□ 顔色が一段明るくなったような感じでくすみがなくなって、透明感が出るもの(鉱物油など悪い油が入っているものを使っていると、顔色がどす黒くなってくるのでよくない化粧品だとすぐにわかります)。

□ 使っていくうちにあなたの肌のコンディションがよくなっていくのが実感でき、メイクののりがすこぶるよくなったもの。

□ 肌の「ウ・ナ・ハ・ダ・ケ&おまけのツ」が叶うものは超GOOD!

(ちなみに、「ウ」はうるおい、「ナ」はなめらかさ、「ハ」はハリ、「ダ」は弾力、「ケ」は血色、そしておまけの「ツ」は艶《つや》! それらがそろうことが美肌の条件といわれているので、使っていて、それが叶うものは、あなたにぴったりの美肌コスメです！）

似合わない服・なぜか着る気がしない服
さえない顔色と印象を捨てると、新しい運気はつくりやすい

人は、誰でも、似合わない服を着ているときや、着心地の悪い服を着ているときは、そわそわして落ち着きがなくなり、顔つきも曇ったりして、テンションが狂いがちなものです。

特に〝色〟の作用は大きくて、あまり好きではない色だけど、デザインがよかったからとか、バーゲンで安かったからという理由で、なんとなく買ってしまったものは、着ていても、気持ちがいまひとつ盛り上がらないはずです。

それは、あなたのソウルカラーではないからなのです。

ソウルカラーこそが本当のラッキーカラーであり、あなたの運気を飛躍させてくれるものなのです（ソウルカラーについては、ＰＨＰ文庫『運のいい女、悪い女の習慣』にも詳しく書いています）。

ソウルカラーとは、見た瞬間にあなたの心がわくわくする色、ずっと昔から好きな色、その色をそばに置いたり身につけるだけで、ほっとしたり、安心したり、とても機嫌がいい一日をすごせたりする色のことです。よく、雑誌などで、星座や血液型占いからはじきだされたラッキーカラーが紹介されていますが、それがソウルカラーとは限りません（なかには、それらと一致するケースもあるでしょう）。

身にまとっていて、なんだかしっくりこなかったり、落ち着かなかったり、気持ちがトーンダウンしたり、いらいらしてくる洋服というのは、気持ちが乱されがちになるもので、しなくていいミスをする原因にもなってしまうことがあります。

これこそが洋服の持つ、運気の仕業《しわざ》なのです。

洋服は、直接あなたの肌を覆《おお》うものなので、運気のよし悪しがダイレクトに表れます。なぜなら、肌が、洋服からその波動を感知して、その時の自分自身のエネルギーの質を変えたりするからです。

このことは、あなたがブティックに洋服を買いに行ったときにも、はっきりと実感できることがあるはずなのです。

たとえば、「こんな服はどうかしら」と、何気なく手に取ったある洋服を持って、自分にあてて、お店の中の大きな姿見に映してみたときに、あなたの顔がパーッと笑顔になるものや、華やぐもの（つまり、無条件に自分のテンションが上がる洋服）は、まちがいなくあなたにぴったり似合う洋服です。あなたの運気をさらにUPさせるためにあなたの前に現れたものなのです。

そんな洋服に出逢えたときは、「これだ！」とピン！ときて、運命の一着にめぐり逢えたような感じで、即購入しているはずです。

そして、たとえばそれが、当初の予算を少々上回るものであったとしても、その洋服を着ている自分の素敵なビジョンが見えて、着ていることを想像するだけで喜びが膨らみ、それをＧｅｔできる高揚感が大きいときは、予算オーバーもなんのそので、とっても幸せな気分になれるはずなのです。

そういう洋服をたくさん持っている人ほど、人との出逢いも喜ばしいものが多く、特に恋愛運にツイているはずなのです。

洋服というのは、あなたの気持ちや顔つきや姿勢にまで作用してしまいますので、あなたがキラキラ輝いて満足している様が映っているような洋服は、それだけであなたの魅力を高め、あなたに目をうばわれる異性の心を惹《ひ》きつけることになるからです。

私はこういうことを知っているので、洋服を買うときは、いつも自分の機嫌のいい日や、空が晴れ渡ったお天気のいい日、何かうれしい〝いいこと〟があった日に行きます。

決して、むしゃくしゃした腹いせに洋服を買いに行くことはしませんし、なんとなくテンションが低くなっているような日にも、買いに行きません。

いつもそんなふうにして買い物をするので、良い気を持った洋服や、自分の顔や気持ちを明るくしてくれる洋服、顔映りのいい似合う洋服、いい予感のする洋服に出逢います。

そんなふうにして出逢った洋服を着ているから、いつでもツイてるハッピーニコちゃんでいられるのです。そんな笑顔のもとには、福の神も縁結びの神様も寄ってくるのです。

こんなふうに見てくると、たったひとつの洋服でも、自分自身の運を大きく左右するものだということがわかってきます。そして、運気を下げるような洋服は、むしろサッパリ捨ててしまったほうがいいということもわかるでしょう。

実際、長いこと着ないでクローゼットの肥やしになってしまっているような洋服は、低滞する波動がまとわりついていたり、ほこりを吸って衛生的でなかったり、場所をとってしまうだけだったりしているものです。

あなたを〝下げる〟洋服は捨てて、空いた場所は、あなたを〝上げる〟洋服で満たしましょう。

さて次に、どんな洋服を捨てるべきか、お伝えしましょう。

上手に〝捨てる〟コツ

いっそのこと捨ててしまいたいこんな洋服と低迷運

□　ぜんぜん似合っていないことが自覚でき、他人からも、「それってあなたらしくない服だよね」などと言われ、似合っていないことがはっきりわかっていて、たぶんもう着ないだろうと思っている洋服。

□ 自分の中では〝貧乏時代〟と思える時期に買った洋服で、着るたびに貧しかった頃を思い起こしてみじめになるような洋服。

□ この洋服を着ている日は、なんだかテンションが狂ったり、イヤなことに遭遇しやすい気がする……と感じる洋服で、そうは思わないようにしようとして、また着てみようとするが、いざとなるとやはり気がひけるし、〝大事な日だけは、着ないように、候補から絶対はずそう!〟と、思ってしまうような洋服。

□ 別れた彼氏が買ってくれた（あるいは、その彼氏が渋っていたのに、無理やり買わせた）洋服。

□ 倒産品・傷物・少々難ありのもの。

□ 洋服ダンスからひっぱり出してくるたびイヤな思い出がよみがえる、いわくつきのもの。

□ 嫌いな人からもらった洋服。

□ 他人が着たお古（自分よりすごくツキのある現役でいまも成功者でいるような人からの光栄なるものであればまだしも、いつもお金がないとピーピー言っているような人やツキのない人からもらった、あるいは安価で買い取ったもの）。

□ 着心地が悪いものや、着ていて動きづらいもの。

□ 着ていくたびに何かしらよくないことが起こるジンクスがあるもの。

上手に〝ひろう〟コツ

おまけの洋服エピソード

洋服好きで、たくさん買うことがあるという人ほど、よい洋服をたくさん持っていますが、そういう人は、同時に、買って失敗したという洋服もたくさん持っているものです。

しかし、それだからこそ、より自分にぴったりなもの、より気持ちがいいもの、より素敵なものと上手に出逢えるようになるものです。

洋服をあまり買いに行かない人ほど、次はまたいつ買えるかわからないから、〝何にでも合う、何にでも使えるものを〟という選び方をしてしまいがちです。

そういう買い物の仕方を続けているせいで、その洋服が自分に本当に似合っているのか、自分にとって心や運気をUPさせてくれるものかがわからずに買ってしまうことが多いものです。

そこで、〝今度いつ新しい洋服が買えるかわからない〟〝年にほんの何回かしか買えないのだから〟という意識を捨てて、もうひとつポジティブな考え方をつけ加えてみましょう。〝買える機会が少ないからこそ、自分にとって納得できるうれしい良いものや、心がうきうきするもの、運気がUPするような心の高揚感のあるもの（買ってハッピーな気持ちになれるもの）を、積極的に選んで買うことにしよう！〟というようになれれば、洋服から運をもらえるようになるのです。

すると、結果的に、無駄買いや、失敗がなくなり、テンションや運気を下げるものを、もう手にしないですむようになるのですから。

さらに上手に"捨てる"&"ひろう"コツ

波動と洋服の不思議な関係

あなたの波動が変わると、買いたい洋服の質や買いに行くお店、洋服のラインにも、変化が出てきます。

洋服は、あなたの肌にまとわせるものなので、あなたの波動がダイレクトに出てくるものなのです。

たとえば、あなたが以前より上昇志向になって、ポジティブになったり、明るい気持ちで物事を考えたり、人に優しくしたり、思いやり深い人になったりして、波動（自分の持っているエネルギーの微弱振動の質）が良質化していくとします。

すると、いままで着ていた洋服よりも、生地や質や色やデザインの点で、よりいいものを自然と求めるようになり、デザイナーやブランドを選んで買うようになります。さらにレベルアップしたお店の洋服を着たいと思うようになって、センスがよくなり、おしゃれになってきます。

つまり、〝自分が最も美しく映える洋服〟を着こなすようになるのです。あなたの中の光がしっかりと現れるような、オーラさえ放つような感じの洋服です。

逆に、あなたが下を向いて生きているような状態だったり、ネガティブであったり、不平不満や愚痴・悪口・批判・嫉妬《しっと》・うらみ・怒りなどの気持ちや感情を抱えていたり、人にいじわるだったり、冷たいことをしたり、誰かを悲しませるのも平気だったりすると、あなたの波動はどんどん低次元化して、運気を落とすようなことばかり自然に引き寄せてしまいます。

たとえば、赤字経営で倒産したお店のものや、不景気で経営が苦しくてお金回りが悪くなったという理由で店じまいするお店の洋服にばかりなぜかやたらと引かれたり、それがとても心地よい買い物に感じたりして、人を押しのけてでもワゴンの中をあさるような、見苦しい買い方をしたりすることがやけに快感になってきます。

波動のいいときなら、何かあまり気分のよくない買い物に思えるものも、波動が悪くなると、そういう買い物がむしろ自分にしっくりきたりするものなのです。

そういう買い方をしているときは、自分に似合っているかとか、自分をより美しくしてくれる洋服かどうかという選び方をあまりせずに、やけにどんよりと曇ったくすんだ洋服を大量に買っているという具合になっているものです。

波動が低下している自分が、波動の低下したお店の、どんよりした洋服を着るのですから、そこにあなたを輝かせてくれるものはなく、また運気がよくないままであるのも、それは当然なのです。

もうひとつ、不思議なことがあります。**あなたの波動が乱れたり、低下してよ**

くない状態のときは、なぜか洋服の形くずれがひどくなり、買ったばかりで、何度も着ていないはずなのに、よれよれになったり、変形することがあるのです。

自分の波動は、肌を通して、外側のものにまで影響してしまうものなので、洋服とあなた自身の波動は、影響しあってしまうのです。

それからこれは余談ですが、ある波動療法を用いて、洋服のリフォームやお仕立てをしている先生がいるのですが（私のドレスなどもそこでお直ししてもらっています）、その先生が言うには、

「あのね、この仕事を25年してきて、とても不思議なことがあるのだけれどね。こう言ったら言葉が悪いのだけれど……根性の曲がった人や、性格の悪い人がお直しに持ってこられたお洋服は、リフォームしにくいのよ。

なぜか、仮縫いのラインをつくろうとしても、ミシンがまっすぐ進まず、ゆが

んでしまって、何度縫い直しても、形がきれいに仕上がらないの。

そして、そういう人がお洋服をお仕立てに来たりするとね、何度生地を肌に合わせようと沿わしても、まるで新しい生地が、その人に着られるのをイヤがっているかのように、なかなか体に沿わなかったりするのよ。

それで、仮縫いのためのピン打ちに何度も来てもらわなきゃいけなくなったりするの。


ところがね！

これとは逆に、本当にできた人だなぁと思う人や、性格のいいあたたかく心根のやさしい人がリフォームに来たりするとぜんぜん違うの。たとえば、時間がなくて、仮縫いなしでミシンをかけるとき、チャコペンシルでラインを書いたりしなくても、ミシンをかけようとしたそのお洋服の上に、白い光のラインのようなものが現れるの。それを追いかけるようにミシンを踏んでいくだけで、スルスルッと、完璧にぴったりとフィットするものができるのよ！

そういい人がお仕立てにくるとね、生地が、ヒタ〜ッと、その人のボディラインに沿うかのように、形が瞬時にできあがってしまうのよ〜!!

しかも、そういう人は波動がいいから、お店に入ってきた瞬間から、なんだかパーッと光が差し込んだみたいにお店の中が明るくなってね、お客さんが急に増えるのよ。

私は、本当にそんな不思議なことを何度も何度も、経験しているの。

そうはいってもね、性格のよくない人だからといっても、うちの大切なお客様には違いないのだから、大切にして、やる限りはいいお仕事をしなきゃって思っててね。

それで、ある日、どうしたらやりにくいお客さんのお洋服を、やりやすく触ることができるかなぁと考えていたらね、「霧吹きで水をかけて、邪気を飛ばしなさい」って言う声が、聞こえたの!!

その声は、誰が言ったとか、私の思い込みとかじゃなくて、天の声のように感じたの。だから、実際にその日からやってみたのよ。すると、嘘みたいに仕事がはかどるようになって、腕も痛くならなくなったのよ。前はね、波動のよくない人のものをずっと触っていたら、変な腕の痛みが出ていたのだけれど、それがなくなったの。

それから、おまけにもうひとつ、やっていることがあるの。

どなたのお洋服にも、「ありがとう」「きれいなお洋服になって持ち主のところに帰ってね」「このお洋服を着る人が幸せになりますように」って、心の中で声をかけながら、仕事をするの。すると、いい印象じゃなかったお客さんが、「あなたのところでお洋服を直してもらってから、なんだかツキがまわってきたのよ」と言うの。そして、本人の印象もみるみるよくなって、なんだかいい人に変わってきちゃって（笑）。本当に不思議なのよ」

と。

そんな不思議なエピソードを話してくださった60歳の先生は、亡くなった私の母に似たなんとも不思議な人でした。

洋服って物語を持っているものなんですよね。いつも身にまとっているものだからこそ……。

ちなみに、**波動がよくなって、運気が上昇するほど、人は、光に近い色のものを着るようになります。白やオフホワイトやベビーカラーなどの色や、キラキラする素材、つやのあるシルク、カラフルだけれど淡いふわふわした感じのものとかです。**

逆に運気が低迷してくるほど、黒とか、にごった色、くすんだ色、灰色を多用しがちになりますので、そうならないようにしてください。

明るい洋服を着る習慣を持つと、自然に運気はアップしてきます。

よれよれのバッグ＆足の痛い靴

強運な女になるために運気を左右するバッグと靴を波動の観点から選ぶ

人間影響心理学で、成功者を見分けるテストの中に、その人の服装を見ること以外の判断材料として、その人が持っているバッグと靴を見るというものがあります。

また、刑事さんが、相手がどういう人物かを判断するときや、その人の矛盾を探す材料としても、服装以外にバッグと靴を見るという方法があるそうです。

たとえば、洋服だけすごくいいものを着ているのに、靴はどろどろに汚れていたり、すり減っていたり、バッグがよれよれしているというのは、バランスに矛盾があるということなのです。

逆に、バッグや靴が超高級ブランドの高価なものであるにもかかわらず、服装が不潔で汚らしかったり、やけに粗末なものになっていて、妙な格好になっているのも、不自然さや怪しさを感じるものなのだそうです。

それは、高級バッグにジーパンとTシャツというファッションがおかしいと言っているのではありません。そういうファッションであっても、洋服とバッグと靴がほぼ同等価値のものであるかどうか、トータルバランスがよい形でそろっているかいないかが問題なわけです。

ではいったい、なぜ、服装以外に「バッグと靴」にポイントを置いて見るのでしょうか。それは、そこにこそ、**〝気〟が抜けがちになり、お金をかけられないという心理と行動が働くからです。**

バッグと靴には、雰囲気の違和感や、トータルバランスの悪さ、隠しごとがある様子などが、はっきり表れてしまうということなのです。

たとえば、真におしゃれな人、成功している人、豊かな人、バランス感覚のとれた人たちにとっては、いい洋服を着ているときには、必然的にバッグや靴などもいいものでコーディネイトするというのが自然なことなのです。

しかし、一見、おしゃれさんや豊かな成功者に見えるけれど、実際はそうでもないような場合は、極めてバランスの悪い外見となって表れてしまいます。

身だしなみの、妙なアンバランスというのは、何かしらの心の問題や生活の乱れ、運気の波乱を感じさせてしまうものです。

このことを日常的にある、小さなことを例にとってお話ししてみます。謝恩会や同窓会、入園・入学式、誰かの結婚式やパーティーなどに招待されたときでもそうですが、日頃からおしゃれに慣れている人は、そんなとき（突然、改まった格好をしなくてはいけない場面）も、それなりに決まるファッションで美しく存在しているものです。

しかし、日頃からおしゃれに慣れていない人は、そんなとき、〝それっていったい、いつの時代のファッション!?〟と驚いてしまうような古い形の洋服を着てきたり、〝どこから引っぱりだしてきたの!?〟と言いたくなるような、ナフタリンの臭《にお》いがするようなものを着てきたり、洋服と靴がまったくマッチしていないものであったり、〝誰に借りてきたの!?〟というような、まるで服装に合っていない（服装に比べてはるかに立派すぎて浮いてしまうような）高価なバッグをひっさげていたりするものなのです。

いつもと違うことをしていることが、はっきり誰の目にもわかってしまう、という具合です。

人目を気にして外見を整えようとする人は、あたりまえに服装に気を使うでしょう。けれども、その他のバッグや靴など、洋服以外のものは、大して他人から注目されることはないだろうという意識の人は、いざというときにぬかりが出るわけです。あるいは、逆に意識しすぎて、変な気負いが入ってしまったりするのです。

少ないお金を洋服代に多くつぎこんでしまえばしまうほど、それ以外のところで節約しないといけなくなるのは当然です。

だからこそ、洋服以外のバッグや靴や時計やアクセサリーを、いいものでトータルにコーディネイトして身につけている人を見ると、真のおしゃれさんである、豊かな人である、と感じて、納得したり認めたりしがちなのです。

しかし、ここで私がお伝えしたいのは、高級品を身につけるのがいいということではなく、外見の〝アンバランスさを捨てる〟ことで、人は変な誤解をされなくてすんだり、とても素敵な存在になれるのだということです。

どのアイテムも、それなりにレベルを合わせながら上手にコーディネイトすれば、素敵なセンスや心のあり方が表現でき、その人らしい存在感が出てくるものです。

そして最後に、大切なことをもうひとつ。

バッグは仕事運を、靴は才能と出世運をつくるアイテムです。これからは自分にも運気にもいい影響が出るように、いいものを上手にとりいれるようにしましょう。

次に、まだ使えるから、といって持ち続けているものを、いざ捨てるときに、どんなポイントで捨てるといいのか、その選び方をお伝えしましょう。

上手に〝捨てる〟&〝ひろう〟コツ

バッグ&靴のセレクトポイント

□ よれよれした形の崩れたバッグや、ほころんだり破れたバッグは、自分を格下げしてしまうので、思い切って捨てましょう。
新しく買い換えたものには、新しいあなたの地位をくれる運気が宿ります。

□履いていて足の痛い靴は、脚の健康にとってもよくないですし、捨ててしまいましょう。無理に履き続けようものなら、頭痛にみまわれたり、吐き気がしたりするものです。きっと、そんな靴は履いているのも苦痛なはずです。
たとえ、「これ、憧れのブランドの入手困難なデザインの靴だから気に入っているんだけど……」ということであっても、足の痛い靴は人生に悩みの種をもたらすことにもなりかねません。どうしても捨てられないのなら、履くのを避けて大切にシューズボックスの一番上の棚にディスプレイして、運気UPをはかりましょう。

バッグ&靴は、人からの判断材料のポイントになったり、運気と連動しているからといって、なにもあわてて無理に高価なものやハイレベルなものにする必要はありません。

そうではなく、無理せず、叶えられる目標としてうれしくなるようなワンランクアップのものを身につけることによって、それを手にする自分の元気や励みのもととして、明日からの毎日の活力にするといいでしょう。

私は、ちょっとがんばるのが好きなので、そのときどきの自分より、ワンランクアップを生活にとりいれるようにして、心や運気を大きく広げています。

ゲンの悪いもの

よくないジンクスを持つものを処分すると瞬時に悪運が浄化できる

よく、怪奇現象などを伝えるテレビ番組で、〝このお人形をもらってからよくないことがある〟とか、〝外国でその土地のお土産《みやげ》にと買ってきた飾りものを家に置いてから、イヤなことが続く〟といったことの原因を解明して、きちっと供養しましょう、というような企画がありますよね。

それで、その原因を運んできたお人形なり、お土産品なりをしかるべき人にあずけ（お寺さまや、本当に霊能力のある人にあずけ、しかるべき対処をしてもらい）、自分の手元から手放したとたん、すっかりいろんなことがよくなったというようなことが、説明されます。

それは、いわくつきの品物自体（そこに込められている念や、よくない影響を及ぼすエネルギーまですべて）を供養し、浄霊、浄化したのと同時に、そのことによってなんらかの影響をよくない形で受けていた自分のすべても同時に浄化されて、救われるので、そのあとは、すべてがすっかりよくなるわけです。

しかるべき形でその物を手放すことによって、自分の中でしこっていたよくない現象までが、その人の中から捨て去られたことになるので、空《から》になれるのです。そして、空になった場所には、必然的に〝安心という気〟が入れるようになっていますから、それが今度は、安泰な生活をつくる助けをしてくれるわけです。

物には、残留思念というものが入ることがあります。その物に対して強い感情や念、執着を持っていた人から渡ってきたようなものには、それを受け取った人のエネルギー波動を乱すようなパワーがあるのです。

ときどき、「もらいものではなく、どこかのお店で買ったものでも、何か影響を受けることがあるの？」と聞かれることがありますが、それについての答えは、「そういう場合もあります」です。

たとえば、製作過程でそれを手にしたり、販売過程でそれを手にしたり、お店にディスプレイされているときにそれを手にした人が、強烈な思念を持ちながら、その物に何かしら思い入れを持ったような関わり方をしたときなどです。たとえそれが新しいものであったとしても、影響が出てしまうこともあるものです。といって、そのことを怖がる必要はありません。

そういうよくないエネルギーを帯びたものは、共鳴するものがないと、自分のところに引き寄せられることはないからです。

自分自身がネガティブなときは、同質のネガティブなものを引きよせがちになるということは、前の項でも書きました。この法則さえ知っておけば大丈夫。**自分が**

ネガティブな状態のときには、重要なものや、意味を持たせるものを購入しないようにすればいいわけです。

また、そういうときは、運のよくなさそうな誰かから何かをゆずり受けないようにすればいいだけのことです。

逆に、自分がハッピーでいるときは、ハッピーなものにしか共鳴しないので、よくないものがやってくることなどは心配いらないのです。

すなわち、〝物〟に対しての感情や念や執着が、悲しみ、嘆き、苦しみ、辛さ、うらみなどというネガティブなものであれば、その〝物〟を新たに受け取る側にも、そのネガティブなエネルギー波動が影響するので、ネガティブな現象が出てしまうことになるのです。

逆に、幸せオーラがいっぱいで、愛と感謝と思いやりに満ちた思考や感情のエネルギー波動が入っているような〝物〟であれば、それを受け取った側にも、同じように、幸せで、愛と感謝に満ちあふれるようないい影響が出たりもするのです。それが波動の**「共鳴の法則」**（同じ質のものと同調して、引きつける法則）なのです。

自分の中にずっとあったゲンの悪いものを捨て去ることで（浄化・浄霊などしかるべき形で）、その人の心そのものも、抱えている思念のエネルギーも、軽くなったり、空になったりするのです。

ずっしりと重く抱えていた暗い未知の不安が自分の中からなくなって、空になったら、そこからまた、不安のない新しい自分と生活をスタートさせることができるのです。

いいことを引きつけるのも、よくないことを引きつけるのも、また、そういう物の持つエネルギーの影響を受けてしまうのも、そのどれもが、その人の信じ方の度合いによって、強く出たり、弱く出たりするものなのです。

すべての〝思い〟は、思いの質によってエネルギーを発生させ、影響を出すように働くので、「なにをどのように思うか」「その思いをどう扱うか」が、人間が生きていく上での重要な課題でもあるのです。

さて、そんなわけで、〝そういえば、私も、ゲンの悪いもの、気持ちがすっきりしないものを持っている〟という人は、この際、その品物自体も、その品物からくるよくない影響も、それによって、自分の中に溜まってしこっている心配や恐れやゲンの悪さも、すべてきれいに捨て去ってしまいましょう。気持ちのよくないものをすっかり空にして、安心と運気改善を注ぎこみましょう。

自分で買ったものに限らず、人からもらった人形、土産物、写真、縁起物、お守りなど、自分の身の回りにある「なんとなく捨てられなくて抱えたまま困っているもの」を、チェックしてみてください。きちっと処分できれば問題ありませんから。

※いわくつきの品物など、お寺さまなど供養をきちっとしてくださるところで相談し、浄化・供養すべきものは、適切にしていただきましょう。

富気のなくなった財布

気持ちと運気が弾む財布を持つと金運が楽しげにUPする！

財布はお金を迎え入れる大切なお部屋です。そのお部屋が、汚かったり、ぼろぼろだったりしたら、気持ちよく入ってきてくれませんよね。

〝お金さん〟に気持ちよくやってきてもらって、長居していただいたり、さらにお友達をわんさか連れてきてもらえるように、誠意をもって歓迎して、よろこんで、迎え入れましょう。

気持ちよく、お金さんを迎えるポイントとして、以下のことをやってみてください。みるみるお金さんと仲良しになって、お金とのご縁が増える一方になりますから。

上手に〝捨てる〟コツ

富気のない財布とは以下のようなもの！

□　何年も買い換えていない財布。

□　長いこと使い続けて、革が磨《す》り減っていたり、ほころびたり、汚れたりしている財布。

□　バーゲンセールのワゴンの中から探し出して買った、そのとき一番安かった財布。

□　奇抜すぎる蛍光色の財布・どんより暗くくすんだ色の財布。

□　お札入れのスペースがとても狭いか、あるいは、まったくお札を入れるスペースがないか、または、小銭入れにお札を小さくたたんで入れないと使えないような財布。

□　人に見られると恥ずかしいと自分で思う安物の財布。

□　金運のない人からもらった財布。

□　「このお財布にしてから、ぜんぜんお金が入ってこない！」と嘆いたり、怒ったりしたくなるほど、お金に縁のない財布。

□　自分の中の〝プアーな時期〟に買った財布。

□　「運のためにと、ゲンかつぎで買ったものの、本当はこんな色も形もまったく好きじゃない。仕方なしに使っている」という、気に入っていない縁起物の財布。

□結局潰《つぶ》れてしまった、という会社にいたときや、リストラされた会社にいたときに使っていた財布。

□なかなか入手できなかったお財布で、やっと入荷したというので、いそいそ買いに行ったにもかかわらず、ものすごく感じの悪い店員にあたって、怒りながら購入し、財布を見るたびに、そいつの顔が浮かんでいやな気持ちになる財布。

いかがでしょうか？　もしも、いまのあなたが金欠病で、毎日お金のことでピーピー言っているとして、しかも、前記のような富気のない財布を持っているという場合は、ここらで、〝お金とのご縁のなさ〟を捨てる決心をしてみませんか？　新しい財布を買うためにちょっとおこづかいを貯めてみてください。そして、その新しい財布とお金との、いいご縁を持ってみませんか？

その場合、無理したり借金したりしてまで、新しい財布を買うのはおすすめできません。少しずつでもいいので、必ず自分でお金を貯めて、〝貯まったお金〟を使って、新しい財布を買ってくださいね。

すると、その財布を買うきっかけになった最初のエネルギーが財布に入るのです。〝貯まる〟という気が最初から新しい財布につくことになるので、金運もつくというわけです。

では富気のある財布とはどんなものなのか、購入時の参考にしていただけたらと思うものを、次に書いてみました。

上手に〝ひろう〟コツ

富気のあるお金持ちになれる財布はコレ！

□ 貯まったお金で気持ちよく買った財布。

□ お札がのびのび入れられて、できればお札を折ったり、曲げたりしなくていいような、ゆったりしたお札入れのスペースが確保されている財布。

□ 新しいブランドや根強い人気で支持されている〝気〟と〝お金〟を集め続けているブランドの財布。

□ 自分の中でのリッチな状況の中で買った財布。

□ ツイてるときに買った財布。

□ ゴールドの金具や艶のある革素材のものや高級で品質のいい革製品の財布。

□ 昇進や昇格や昇給したときに買った財布。

□ 欲しいタイプの財布を探していて、ふと、ピッタリだ！　と見つけたもので、しかも、思ったよりも早く入手できた財布。

お金に関することは、私の著書『お金持ちになる女、なれない女の常識』（PHP研究所）や、『ツキとチャンスが訪れる！　超開運BOOK』」（ゴマブックス）でも、たくさんご紹介していますので、気になる方は、ご一読くださいませ。

昔の恋人への未練

その未練は、新しい出逢いや
あなたに恋している異性を遠ざけるもと

恋愛で持つ苦しみのひとつに、〝別れた恋人のことが忘れられない〟という〝未練〟を募らせる、ということがあります。

では、なぜ未練というものは、ひきずってしまったり、大きくなっていくのでしょうか⁉

それは、あなたが、無理に忘れようとするからです。

無理に忘れようとすると、そこに、〝彼（彼女）のことを忘れたくない！　私のことも忘れられたくない！〟という気持ちが生まれてしまいます。〝「忘れないといけない」という、自分の真実の心に反した強制的な思考〟に対して抵抗が生まれるからです。

ですから、この苦しみから解消され、ハートが癒されるための最良の方法は、気がすむまで、思いたいだけ彼（彼女）のことを思っていたらいいということなのです。

なぜなら、自分の心をありのまま見つめ、認め、受けとめるということをしない限り、精神的苦痛も自分の生活も、回復しないのですから。

たとえば、転んで怪我をしたときに、それを無視しようと放っておいたり、その怪我をしたことに目をつむろうと思えば思うほど、逆に早急に対処しないといけない状況になってしまったりするでしょ。しかし、自分が転んでしまって怪我をして、傷ついている、しかも、血まで流れているということを、ありのままに見つめて、しっかり現状を受けとめれば、〝すぐに手当てしよう〟とか、〝早く治そう〟と思え、実際、そのように改善に向けて対処できるわけです。

だから、失恋の傷も、そんなふうに考えることで、早くよくなることができるのです。そして、手当てした怪我が、いつかすっかり治る日が来るように、恐れなくても、失恋の葛藤《かっとう》が終わる日が来るのです。

ですから、〝「無理やり」忘れる〟ということや、〝「未練たっぷりの」過去を惜しむ〟というようなことは捨てて、真実を、見つめる勇気を手にしてほしいのです。

ひとつの恋が、終わったことを認めて……。

〝無理に〟忘れようとせず、思いたいだけ思っていていいのですが、そのときのポイントは、失ったものに執着したり、絶望感で思うのではなく、彼（彼女）とのすべてに感謝するという形で思うということです。

そうすることによって、あなたが悲壮な状態になったり、醜くなったり、不幸になることはないからです。

あなたがいい形で勇気を持って、自分の恋を終わらせることができたとき、その魂はひとまわり大きく成長し、いままでになかった輝きをあなたに持たせてくれたりするのです。

そうやって、あなたが苦しみを乗り越えた姿は、とても美しく、優しく、慈悲深さに満ちているもので、そんな輝くあなたを誰かが見ているものなのです。そして、そんな人間的魅力に満ちたあなたに、再び愛を告白してくれる素敵な異性が現れるのです。

痛みや辛さを乗り越えた人の魂の輝きは、それを乗り越えたことがない人の輝きとは比べものになりません。だからこそ、いつまでもめそめそしたり、悲壮感をただよわせて、顔を曇らせていてはいけないのです。

未練たっぷりに失ったものにしがみついて、暗い顔で続けていたぼろぼろの生活を捨てれば、必ず、次の恋がやってくるのです。

ですから、未練を捨てて、新しい幸せをＧｅｔする道を選んでください……。

そうして、新しい恋に出逢い、再び愛し愛されるよろこびを知ったとき、あなたは、辛い日々を乗り越えた自分を誇りに思うでしょうし、新しいパートナーをも、今まで以上に大切にしていけることでしょう。そして、幸せは自分でつかむものであったのだということを、感動の中で、感じることでしょう。

その日は、あなたが光の射すほうへ顔を向けたときから、スタートします。

イヤな思い出と過去

過去にも現在にも未来にも
光を当てることで運命好転は訪れる!

いままでの自分をふりかえったときに、「あまりいい人生を送れていなかった」「イヤな出来事が多かった」「目をつむりたくなるような過去ばかりだ」と思うようなことがあったとしても、どうかそれを否定したり、批判したり、卑下したり、失敗だったと思わないでください。

そんなことをする必要は何ひとつなく、**過去を忌まわしいものにすることもありません。後悔していたたまれなくなったり、むやみに悲しんだり、落ちこんだり、恥じたり、自分を責めたりする必要もありません。**

なぜなら、すべてのことは、その〝時と状況との関係性の流れの中で起こっていること〟であり、そのときの、まだ自分の未熟だった部分や、自分が成長しきれなかった部分で生きていたことが、さまざまな状況をつくり出したに過ぎないからです。

あなたは、一生懸命に、そこを生きていたわけです。

なにもイヤな人生をつくろうと故意にそうしていたわけではなかったのですから。

過去を否定してしまうと、それを生きてきた自分自身のすべてを否定することになってしまいます。そうであってはいけないのです。

なぜなら、過去があって、現在のあなたや人生があり、その現在のあなたから次の未来のあなたや人生がつくられていくわけですから。

ですから、過去がどんなふうであったにせよ、現在をよりよくしたい、未来の幸せを確実にしたいと思ったら、まず、過去をありのまま認め、そこから成長したり飛躍したりひとまわり大きくなることをしていかないといけないのです。

それには、**過去に、感謝をすることです。**

過去を裁くことではなく、過去を認め、どんなに不本意であったとしても、そこに感謝をすることです。そうやって、きれいな感謝の念を送ることで、その過去に光が注がれたことになります。光をあてられた過去からは、暗闇が消えるのです。

そうして、初めて、気づけるのです。あんなことやこんなことがあったからこそ、いまの私がいるということに。そして、「いま私は、本当に幸せになりたいと願っている」という魂の真実の声を聞くことができるのです。

人は、イヤなことがあって初めて、その不快さのおかげで、こんなものは欲しくなかったことだと気づき、自分がいいことで満たされることを望んでいたんだと、はっきり自覚できるのです。

また、傷ついたり痛みを負ったりすることで、心がデリケートな壊れものであることを知ります。そして、傷や痛みを克服したときに、心はすべてのことを復活させる力を持っているということも、また知ることができるのです。

あるいは、うまくいかなかった人間関係の中でこそ、自分のあらためなくてはならない点に気づいたり、本当に自分が願っている関係がわかったり、より自分に合う人がわかったり、もっと他人とうまくやっていくすべを知ったりします。何かがうまくいくのもいかないのも、人間関係にかかっているということを知ったりするのです。

こうして、人間のなんたるかを、喜びや悲しみの中で学んでいくことで、「自分のことも他人のことも大切にしないと幸せではない」ということがわかるようになったりもするのです。

そんな経緯をたどるためにあった道が、はたして悪いものでしょうか？
いいえ、それは悪いものではなく、いいものと同じことなんです。

魂の成長は、経験を通してしか得られません。そして、人間として人生をよりよく生きていくための知恵は、体験することからしか得られません。だからこそ、生きている中で起こるすべてのことはいいものだ、ということなのです。

過去を裁くのをやめ、過去がそうであったことを認め、あたたかく思いやり、感謝することができたとき、すべての光が、あなたを助けにやってきます！
そのとき、もう闇などはなく、ただ明るい希望と新しい人生が用意されていて、あなたを幸せへと導きたがっているのです。

そういった意味では、このタイトルにある「イヤな思い出と過去」。これは、実は、〝捨てなくていいもの〟であり、そこからこそ、本当の幸せをひろえるものなのです。

あなたの周りに転がっている〝捨てる〟べきもの

クレジットカード、いらない名刺、古い手紙や写真……

この項で紹介する以外にも、不要なものは、あなたの周りに数多く転がっていることでしょう。

どんなものが不要なのか、ちょっとリストアップしてみましょう。

□ ついつい使いすぎる余分なクレジットカード

勧誘に負けたり、人から頼まれたりして、いつのまにか数の増えてしまうのがクレジットカード。

大切に使えるものだけを残して、余計なものは解約してしまいましょう。いくつも持っていると、年会費をとられたり、家計を把握できなくなったりして、いいことがありません。

クレジットカードを減らせば、財布の中も、すっきりして、お金さんも喜んで入ってきやすくなります。

ちなみにお金持ちの人のクレジットカードの使い方はまったく違うことを知っておきましょう。お金持ちは、大金が銀行口座にあるけど大金を持ち歩かなくても便利に使えるということで、カードを持っています。一方、お金に困っている人は、使えるお金がなくて、借りないといけなかったり、買いたいものがあるのに手元にお金がないからそれをしのぐのにカードを使ったりします。要は、便利さを使っているか、ないと生活できなくて使っているか、その違いがあるのです。

□ 登録していてもかけることもない人の電話番号

携帯電話のメモリー、ときどきチェックしていますか？　今見ても、誰だかわからない人の番号が残っていたりしませんか？　名前のわからない人、もう会いたくない人、パッタリ連絡のない人、ずいぶん前からご縁が切れていると思う人たちの番号は、思い切って削除してしまいましょう。そして、空いた場所には、あなたに運を運んでくれる、新たに出逢う人たちの番号を！

□ 顔も思い出せない、記憶もない人の名刺

つい、溜まってしまうのが名刺。人脈は財産だとかいいますが、どこの誰だかまったくわからないという名刺ばかりたくさん持っていても、意味がないでしょう。人脈は、つきあって関係を深めてこそ、宝になるのです。

山ほど積まれた名刺の中から、必要な名刺を見つけるのに、時間がかかってしまったことはありませんか？　優秀な人ほど、人脈を上手に見つめているものです。必要な人の名刺、大切な人の名刺は残して、残りはリストに整理してしまいましょう。

□ 開設したまま使っていない通帳

クレジットカードと同じように、普段使っていない口座をむやみに持っているのも、お金にとって、いいことはありません。

お金は分散せずに、できるだけ、ある程度かためて貯めるのがいいのです。生活費、事業費、娯楽費など、項目を使い分けて、それぞれのお金がそれぞれに十分役立ち、さらに繁栄するように扱いましょう。これも、お金にいい波動の法則です。

□あちこちのショップのポイントカード

お得だから、とついつい集めてしまうポイントカード。でも、持っているカードのなかで、ポイントがいっぱいになったカードはいくつありますか？

むやみにたくさんあるポイントカードは、財布にとっても不健康。もう行くことのないお店のカードや期限切れのものは、財布から出すか、どこかに整理してまとめるか、いらないものは捨ててしまいましょう。

□ 思い出いっぱい！　古い手紙、年賀状、写真

古い手紙や写真、年賀状などは、大切にしたいものでもありますが、未練がましい気持ちで持っていると、残留思念のもとになります。浄化して処分できるものは処分しましょう。処分したいものは、大きな封筒に入れ、その中に粗塩をひとつかみ入れ、21日間封印してから捨てるといいでしょう。住所や電話番号など個人情報の書いてあるものは、シュレッダーにかけるなど、配慮しましょう。

□ 昔の恋人からもらったアクセサリー

見たり、触ったりするだけで辛いものや、胸が痛くてつけることすらできないものは、処分できるならそうしましょう。半紙の真ん中に手のひらいっぱいの粗塩を置いて粗塩の山をつくり、そこに埋め、21日間その半紙に包んでから、何か袋に入れて捨ててください。浄化された想いは未練を消し、また新しい恋の運気を開いてくれます。

第２章

すぐに運気UPする『ハッピーをひろう生活習慣術』

さらに捨てることで、
幸運ひろい上手になる日常の過ごし方

うまくいかなかった今までの考え

その考え方のせいで人生何もいいことがなかったのだとしたら、捨てるしかない

〃人生がなぜかうまくいかない〃〃いいことがまったくない人生だ〃などと悲観してこの先の生き方を迷っている人がいるとしたら、どうか、〃今までのあなたの考え方〃こそ、捨て去ってほしいのです。

その考え方で長年生きてきて、何もいいことがなく、何ひとつ思い通りになっていない、夢が現実に築けていないのだとしたら、その考え方こそが、満足できない人生をつくってしまった〃不本意の根源（原因）〃なのですから。

運・不運を嘆く前に、見極めるべきことは、毎日、何を考えて生きてきたのかということです。

この世は、いつも、どんな場合でも、自分の心の内側にあることが外側に表出しているに過ぎないのです。

「幸せになりたい」と願う心が、幸せを築くもとになり、「幸せになんかなれるものか」という否定的な心が、幸せを築けないもとになっているのです。

その単純な摂理がわかれば、思考の転換も、人生の好転も、簡単に成り立つのです。

しかし、いままでしていたネガティブなものの考え方を〝直せ〟と言われると、人は抵抗するものです。そのままの自分にとどまろうとする力が働くものです。

たとえ、ネガティブなものの考え方をポジティブにすることで、人生がより良くなるということが理屈ではわかっていても、慣れ親しんだ長年の自分固有の考え方の習慣から離れることに恐れを抱くのです。

それは、いままであったものがなくなるということに対する恐怖です。しかし、実際には、何かがなくなるのではなく、逆に、新しいものが生まれるだけなのですが、習慣は、未来の新しいものに進むことに、ときどきそうして足踏みしたりするのです。

なので、〝直す〟〝改善する〟という考えから離れて、その**〝不本意な考えや、役にたたなかった考えや、ネガティブなものをこしらえてしまう考えそのものを、捨てるんだ〟**というふうにしてみてほしいのです。

捨てるということは、もうひろわないということです。

自分が思い描いた理想の人生を築けなかった考えなど捨て去って、新たに、思い通りの理想を築くための考え方やビジョンをひろうのです。それは、あなたの魂が成長しようとしている中からひろえるのです。

そうして手にしたそれらの原動力は、やがて、ビジョンにしたがって動きだすようになりますから！

悪い言葉

いい言葉を使うようになったとたん、人生はみちがえるように良くなる

言葉は、言霊《ことだま》という波動を持っていて、その言葉にふさわしいエネルギーを発することで、それに見合った現象をつくるようになります。

たとえば、あなたは、「愛してる」と言われたときと、「キライ！」と言われたときとで、心に響くものが、まったく違うものであることがはっきりわかるでしょう。「愛してる」と言われると、心の中にあたたかいものが広がり、「キライ」と言われると、悲しいものが広がってくるでしょう。出来事としてはまだ何も起こったようには見えませんが、実はそこには、もう、〝うれしいことを聞いたことによって

生まれた現実〟と〝悲しくイヤなことを聞いたことによって生まれた現実〟が、あなたにとって起こってしまったということになっているのです。

たった一言、イヤな言葉を聞いてしまっただけなのに。あなたはそれを受け取ることも、あるいは拒否することもできたのに、悲しいかなネガティブなもののほうに強く反応してしまうのです。

言葉は、口に出すことで、のどにあるチャクラをその音の波動で振動させ、耳に聞かせます。耳に入った刺激は、また脳を刺激し、脳はそこでひとつの思考をつくり、その思考が感情をゆさぶります。感情のエネルギーは同化現象をつくってしまうわけです。

たった一言、他人からイヤな言葉を聞いただけでこうなってしまうのです。もしも一日中、自分から離れることのできない自分自身が、イヤな言葉や、悪い言葉や、ネガティブな言葉を使い続けていたら、どんなことになるかおわかりでしょうか？

すべてのエネルギーは、波紋を広げるものなのです。ですから、自分が悪いと思っている言葉を使うのをやめないかぎり、どんどん悪い連鎖は広がるばかりなのです。

しかし、すべてのことはまた、変化させることも可能です。いい形に変化させたものを波紋にして広げることもできるわけです。

つまり、どうすれば、悪い言葉の悪い波紋を断ち切ることができるかというと、

いま、この瞬間から、悪い言葉を使うのをやめることなのです。

たとえば、いま使っているドライヤーのスイッチを切れば、その瞬間に、ドライヤーがあなたの髪を乾かすのをやめるのと同じで、あなたが断ち切りたいものは、

その瞬間、切ればいいわけです。

悪い言葉をやめたら、いい言葉に変えます。いい言葉とは、自分も他人も聞いて気持ちのいい言葉、人を傷つけない言葉、人を思いやった言葉、環境や状況を思いやった言葉、口にしてうれしい言葉、暖かい言葉、などです。

その中で、ちょっと気にしていただきたい**「環境や状況を守る言葉」**というのがあります。どういうことかといいますと……。

たとえば、あなたが奥さんで、朝、家族が会社や学校に行くのを送り出すとします。そのときあなたは、相手を思いやるつもりで、

「あなた、いってらっしゃい。交通事故に遭わないように気をつけてね」

と、笑顔で送り出したとします。これは、思いやりで言った言葉かもしれませんが、実はこれは、〝悪いほうの言葉〟になっているのです！

この同じ状況を、〝いい言葉〟で環境や状況を思いやって言ったら、こうなります。

「あなた、気をつけていってらっしゃい。今日も安全に、いい日でいこうね」

と言うのがいいのです。

つまり、相手の脳裏に刻まれては困るような言葉を避けるのです。その言霊のせいで起こってしまっては絶対に困る〝交通事故〟という怖い言葉。この言葉を発する代わりに、〝安全〟という安心を刻む言葉を言うようにするといいのです。

友達が何か、面接やオーディション、夢にトライするチャンスのときも、よく人は励ますつもりで、

「おい！　失敗せずにがんばれよ」

とか、

「あせってしくじるんじゃないぞ！　失敗なんてありえないからな」

と、声をかけます。それは、いいことを言ってあげているつもりなのですが、こ

れもよくありません！

これから何かをやろうとしている人に対して、たとえ自信のある状態だとしても、心のどこかに少しは不安がよぎってもおかしくないような状況の人に、〝しくじる〟とか、〝失敗〟とかいう言霊を投げてはいけないのです。

本当に応援してあげたいなら、その人の無事を心から思いやっているのなら、

「成功するようにがんばれよ」

とか、

「絶対うまくいくからな」

と、励ましてあげるのが、言葉的にも、波動的にも、運気的にも正しいのです。

そうやって、使う言葉として何を選ぶかも、大切な気くばりのひとつです。

そしてこれは、他人に対してだけでなく、自分に対しても、必要な気くばりなの

です。なにしろ、言葉というのは、言われた人も言った人も、聞かされた人も聞いてしまった人も、その言霊に沿った現実にリンクしてしまうものだからです。

さっそく今日から、悪い言葉や、よくない言葉、現実になっては困るような言葉は捨てて、代わりによい言葉を使う習慣を持ちましょう。

そういえば、ずっと昔、私がつきあっていた男性の話なのですが……。彼はなかなかハンサムで、親切で、頭もよく、いい人なのですが、どうも一緒にいると、なぜか気分が落ち込んだり、いやな後味が残るなぁ〜というものを持っていて……。ある日、私は、〝いったい何のせいなんだろう?〟と、その原因を考えていたら、〝彼の話す言葉のせい〟だと気がついて、それから会うのをやめて、電話で話すのもすっかりやめたということがあります。

彼は、いつも、こんな調子だったのです。

たとえばデートの待ち合わせのとき、私は時間ちょうどに来たのに、彼はたまま20分も前に来ていたことがあります。そんなときに彼の言ったセリフが、

「もう来てくれないと思ってたよ。ふられたのかと思った」

というものでした。私が時間通りに、笑顔でよろこんで来ているのに、それを見てよろこぶこともせず、顔を見たとたん、いきなりそんなことを言ったりするのです。また、

「これからどこに行く？　俺が考えてもろくな場所がないんだけど、そんな変なところでもいい？」

と言って、彼が考えた場所に私を連れていくのです。

でも、実際に行くとそんな変な場所でもないので、私が笑顔でいると、

「なっ、こんな変なとこ、イヤかもしれないけど。がまんしてね」

というような、テンションの下がることばかり言うので、デートがちっとも楽しくないのです。

二人のこれからのことを話していても、

「俺みたいな、しょうもない男とつきあってくれて、そんなもの好き、おまえしかいないよ」

なんて言ったり……。

彼は照れて自分を謙遜《けんそん》しているつもりなのかもしれませんが、会うたびに〝俺みたいなしょうもない男〟と何度も連呼されると、「あぁ〜、私って、しょうもない男とつきあってるのか？　だとしたら、しょうもない男とつきあう私も、しょうもない女なのかしら？」という気分になってくるわけです。

こんなですから、デート中は、なんだかずっともやもやしているのです。**ネガティブ言葉の影響**で……。

ようやく、そんなテンションの低いデートも終わって帰るときも、とどめをさすかのように、

「じゃあ、今日は、これでバイバイだね。帰りに車にはねられないでね！　死んじゃだめだよ」

とくるのですから、もう、私は、とても気分が悪くなった状態でいつもデートを終えるのです。

そんなことが繰り返されて、彼とは、とうとう終わりになりました。彼の口から今日はどんなネガティブな言葉が出てくるのかと思うと、会う気がしなくなっていったのです。

……と、そんなこともあるので、どんな言葉を使うかは、とても重要なことなのです。

まちがった努力

正しい努力は報われる！
そこにそれをやるミッションと喜びがある！

世の中には、何かを成し遂げたいとか、思う夢を叶えたいとか言うわりに、間違った努力を延々と続けて、本筋から外れていってしまう人がいたりするものです。

先日、ある女性が、
「私は、先生の本をずっと読んでいて、前向きに努力しているつもりなんですが、まったく何も変わらないのです。本当に結果はいつか出るのでしょうか？」
と言うのです。

その方の夢は、歌手になることだそうで、私はそのことを3年前から聞いていました。

最初に会ったときは、目を輝かせていた彼女が、いまはなぜか、どんよりした顔つきでなんとも不安そうなのです。

それで私が、

「あれから3年経つんだね……早いものだね……。で、私が3年前にお話しさせていただいたような、具体的な行動は何か起こしてみたの?」

と、尋ねると、

「はい、先生の本は、出るたびにぜんぶ買っては読んでいますし、それ以外にも、いいといわれる成功のたぐいの本や、願望実現の本も読んでいますし、もっとポジティブになろうと思って、有名人のセミナーや講演会なんかにも何回も行ってて、自分としては、パワーをつけるように努力しているんです……。けど、何も起こらないんです。あれから何も変わらない生活のままで、だからなんだかこの頃はあせってきて……」

と、言うのです。

それで私が、〝肝心なこと〟を聞きたくて、

「3年前のあのとき、あなたが歌手になりたいって言うから、私は、具体的なことをしないと意味ないから、自分たちのバンドで小さな会場を借りて人を集めたりして、コンサート活動をしたり、どこかのレコード会社のオーディションを受けたりしたほうがいいよってアドバイスしたよね。それはやったの？」

と言うと、

「はい……そうなんですけど……なんか忙しくて……そんなことできなかったし……しかも、オーディションなんてどこでやってるかわからないし……」

と答えるのです。それで続けて私が、

「あのときもお話ししたと思うけど、オーディション情報満載の雑誌も出ているし、インターネットで歌手オーディションとか、歌手募集とか、レコード会社オーディションとか、キーワードの文字を入れて検索したら、たくさん受けられるものが出てくるから、チャンスになるよって、探し方まで伝えたよね。そんなことはした

の?」

と、聞くと、

「あっ、そうなんですけど……書店に買いに行ってもわからなくて……。本が探せなくて……。うちのパソコンも壊れてて……」

と言うのです。

それで私が、

「買いに行って自分で探せなかったら、書店の人に聞いたり、なかったら注文してきたりすればいいじゃない? パソコンが壊れてたなら、同じバンドの誰かのパソコンで調べてもらうとか、パソコンの使える場所に行くとか、友達に頼んで探してもらうとか、その情報が本当に欲しかったら、自分で手に入れる努力をしたらいいだけじゃないの?」

と、言うと……、

「あっ、でも、私、その前に気にしてることがあって……。私、名前が悪いんですよね、調べてもらったところ……。それをなんとかしてからやろうかとか思ってて……」

と、言うので、すっかり私は気が抜けて、話をしていて、どっと疲れてしまいました。

なぜなら、本気でそれをやりたい人のあり方とは思えないからです。

夢を叶えたいとキラキラ輝いている人のあり方ではないからです。

なぜ、情報を手に入れたりやりたいことをするために、自分でなんとか知恵を使ったり、行動したりしないのか……。私の中ではありえない夢の追いかけ方なんです。

それでも私は、

「で、いったい、今度はあなたに何をアドバイスすればいいの？」

と言うと、彼女は

「ですから、歌手になりたいんですけど、何かいい方法はないかと思って……それを教えてほしくて」

と、なんと、3年前と同じことを言うので、これには、驚いてしまいました。

このやりとりのあとに、この質問をするとは、トホホホホ……なのです。

しかし、彼女のような人は案外多いものです。

つまり、本を読んだり、セミナーに行ったりしているだけで、何かをやっている感が生まれ、ポジティブな自分になっている感じがして、満足してしまうということが。

しかし、本当の努力とは、そんなことではありません。本筋に合ったことを実際に試みるということです。

つまり、歌手になりたいなら、実際に誰かに歌を聴いてもらうことが本当の努力であり、そういう場を持つことが正しい努力であり、しかるべき人（レコード会社の人やそれをサポートできる人）に、その歌や自分を知ってもらえるようにしたり、売り込むことが、最も夢に近づくよい努力なのです。

肝心のそれをまったくせず、本とセミナーと空想だけでは、3年経っても何年たっても、状況が進歩しなくて当たり前、実現しなくて当たり前なのです。

本を読んだり、セミナーに行ったりして、モチベーションを上げるのは、それを行う力を自らの中から引き出すことができるきっかけになるからいいのです。が、その後の行動がなければ意味がありません。

では、なぜ彼女のように、夢がはっきりあると言いながら、そんな状態に甘んじていられるのでしょうか？

それは、歌手になりたいという自分の考えがまだ揺らいでいたり、夢に対して恐れを抱いていたりして、とにかく、夢が現実になる日がもう来てもいいという準備が、自分の中でできていないからなのです。

準備ができていないのだから、具体的に動くはずもないのです。

そして、着手しないからこそ、気持ちだけは余計にあせって、どんどんしんどくなるのです。

夢が叶わなくなり、最も辛い状態になるわけです。

たとえば、それは学生の頃、試験勉強に取り組むときと同じです。

「やらなきゃ、やらなきゃ」と思いながら、友達と遊んだり、テレビを観たりして過ごし、勉強しない時間が延々と長くなれば長くなるほど、そのやらないといけないことが自分に迫ってくるので、大きな圧迫となって、余計にしんどいのです。

しかし、気持ちを先延ばしにするのではなく、今から「さぁ、やろう！」という方向に切り替えて、机に向かってペンを持てば、その気になって進み出すのと同じなのです。

そして、試験勉強に取り組めば取り組むほど、比例して、どんどんやっていることに安心してきて、さらにもっとがんばれるということなのです。

このことと、同じなのです。

正しい努力をすれば、本来、望みは叶うものなのです。

努力の「努」は、女の又に力が入るという字でできています。

これはお産を意味しているようなもので、つまり、〝いきむ力〟（いまあるものを、前に押し出す力）のことだと私は思います。

〝力《りき》む〟のではありません。力んでしまうと、無理な力が入るので、経過が途切れてしまいます。お産という作業は、力むと硬い力が入り、よけいに筋肉が緊張して、作業が困難になるのです。しかし、〝いきむ〟というのは、自然に自分の中にあるものを外側に表出させようとするリラックスした解き放たれた状態で、正しい自然の力なので、何かを生み出すことを助けるのです。

正しい努力は、必ず報われるのだという確信のもと、チャレンジすることを恐れず、楽しい気分で実際にやってみてください。

遠巻きにして、いらないことをするよりも、正しい行動に移せば、う～んと手ごたえがあり、夢が叶うことが、現実に近づいていきますから。

苦痛や辞めたい気持ちでいっぱいの職場
魂は、あなたをより高い場所に行かせたがっている！

その会社の業種や規模や歴史に関係なく、すべての職場には、それなりのエネルギーのフィールドが築かれているものです。

そのエネルギーは、会社のある土地の場所や、建物の形や間取りや、社会に対してどんな思いで何を提供しようとしているのかのミッションに対する意識の高い・低いや、そこで働いている人たちの質やレベルなども関係します。

しかし、普通、人は自分が「ここは変な会社だ」と思うようなところには就職することはありません。就職しようと思ったのであれば、その会社に何かしらの魅力を見出し、そのときの自分のエネルギーや波動の質に応じたところを探していっているものです。エネルギーの呼応するところを自分で探しているつもりはなくても、魂はそうしてあなたを動かしているものなのです。

金銭的なことでその会社を選んだ人もいるでしょうし、職種、やりがい、扱っている商品が気に入って就職した人もいるでしょう。あるいは、知り合いに声をかけられ、あまり深く考えずに就職することを引き受けた人もいるでしょう。

しかし、どこの職場でもそうですが、外から見るのと、実際に中に入ってその一員となってみるのとは、別です。

入社してみると、なんらかの差や違いを感じたりもするものです。

しかし、多くの人は、なんとかその会社に順応しようと、溶けこむ努力をし、長く勤められるように、仕事を覚えたり、人と仲良くなったりすることに懸命になります。

そんなふうにしていても、時が経つ中で、あるときから急に、その会社にいたたまれなくなって、辞めたい辞めたいと感じる気持ちが出てきて、その職場を去っていったりする人もいるものです。

そして、不思議なもので、その会社を毛嫌いして辞めていった人がいるかと思うと、そのすぐ後に、是非！　と頼み込んで就職してくる人もいるのが、会社というところなのです。

しかし、これはエネルギーの観点から見ると、ごく自然の現象なのです。

なぜなら人は、エネルギーの違和感を感じたり、自分の成長レベルに合わなくなってしまったフィールドには、いられないようになっているのです。

ズレを感じてしまったときから、もうそこにはいられなくなるのが、エネルギーの法則なのです。

たとえば、自分自身は、お客様や社会に対して、感じよくいいものを提供し、明るい職場でみんなと仲良く、自分自身が輝きながら仕事に対するミッションを果たそうと思っていても、社長の方針や他の社員の人たちが、良心的でなく、「なにがなんでも売れ！」「お金を無理してでも出させろ！」というような心ない仕事をするように要求してきたり、社会的に悪だと感じることでも平気でするような企業体質があったりすると、「こんなところにいたくない！　そんな仕事したくない」と思うのは、むしろ良心的な人間であれば、当たり前の考えです。

そういう場合は、自分と同質の、良質で高いミッションを持った会社に転職しなおしたほうが、よほど自分のためにも会社のためにもなります。こんな理由なら、辞めたいという気持ちに、何も非はありません。

逆に、社長や先輩や同僚が、愛に満ちた考えを持って仕事に取り組んで、社会貢献をし、事業だけでなく、人間関係やすべてのことを豊かに運んでいるような会社の中で、自分ひとりだけがケチくさい貧しい心でいじわるく取り組もうとすると、その人の〝低さ〟と会社の〝高さ〟が違うために、その人が除外されるようになるのもエネルギーの法則です。

類は友を呼ぶということです。この世は同じもの同士が群れるということです。すべては自然界の法則なので、質やレベルが違うフィールドに長居できないのは当然のことなのです。

しかし、人の中には、転職に対して好意的ではない見方をするところもあって、職を変える人に対して、何かと影口をたたいたり、批判しがちなところがあったりしますが、アメリカ人と話してみると、多くの人は、転職は、人生のステップアップにするための当然の行為として前向きに受け取られているようです。

〝職場を辞める〟ということに対して、日本では「ふらふらしていい加減」と言われたり、「これからどうするの!? 会社を辞めたりなんかして!」と叱られたりすることもあるようですが、アメリカでは、「新しい人生のスタートおめでとう」と、声援されるものなのですから、おかしなことです。

さて、ここで、職場を辞めるに当たって、お伝えしておきたい波動の法則がひとつあります。

それは、**もしもあなたが、何かから逃げる形で、その職場を辞めたり、転職を繰り返しているのだとしたら、あなたが内包している、〝ある課題〟をクリアできるまで、何度でも同じような問題のある会社に当たってしまうということです。**

たとえば、人の好き嫌いが激しくて、みんなと協力することや人と助け合うことをせず、人間関係がややこしいから逃げたいという理由でそこを去ったのだとしたら、原因はあなたの中にあるので、いくつ新しい職場に行っても、同じような問題を引き寄せることになるのです。

あなたがその会社で、あなた自身のそういうところを直すということを〝課題〟にしているのだとしたら、魂は、それを克服させたいがゆえに、**もう一度、学習の場を与えることになるのです。**

しかし、あなたが、何度かの転職を通して、同じイヤなことを経験し、もういい加減うんざりして、「今度こそは、(ここで出した例であれば)、みんなと仲良くできるよう、気持ちよく会社にいられるようにしよう！」と思って、今までと違う気持ちで転職活動をしたとします。

すると、そう思った時点(以前とは違う、成長した自分になって物事を考えて取り組もうとした瞬間)で、魂は、あなたがひとつの課題をみごとにクリアしたことを知り、成長したあなたにふさわしい会社(前よりもずっと快適であなたがよろこんでいられる会社)を与えてくれるのです。

たとえば、あなたがパーフェクトな善人で、会社にとってはもったいないほどすばらしい人材だという場合、あなたのような波動の高い人が入ってきた影響で、その会社のエネルギー波動も高まって、会社自体がいいカラーに変わることもあるのです。

また、あなたがその会社にとって質のよすぎる人間である場合、魂は、あなたに違和感を与えて、早くその職場を去るようにと、感情や現象を通して、あなたに何かしら辞めたいと思わせたり、あるいは、誰かをよこして、あなたをさらに良いところへとヘッドハンティングしたりします。

いずれにせよ、エネルギー波動の高い人はエネルギー波動の低い場所に居続けることはありません。逆もまたしかりなのです。

ですから、ここで捨てていただきたいのは、〝「辞めたい」と思ったらいけないんじゃないかという意識〟と、〝転職に対する罪悪感〟です。

あなたは、あなたにふさわしい場所で、キラキラ輝きながら、好きな仕事をして、豊かな収入を得ていいのです。楽しいつきあいに恵まれた環境で、社会貢献しながら、仕事を通して、ミッションや夢を叶えていいのです。

上手に〝捨てる〟コツ

あらかじめわかる波動の悪い会社はコレ！

□ いつ、どの求人情報誌を見ても、年中、人を募集している会社（人がほとんど定着せず、入れ替わり立ち替わりの激しい会社は、給与をもらっても続かないというなんらかの理由が必ずある！）。

□ 人の弱みにつけこんだ商売をする会社（これを買わないと死ぬと脅したり、

病気で苦しんでいる人につけこんで、とてつもなく高額なものをローン契約させてまで売ろうと、電話をしつこくじゃんじゃんかけるような会社)。

□　社長やトップの意識が貧しく、ネガティブで、発展的思考がない会社。

□　人を蹴落としてまでのし上がろうとする社員がうじゃうじゃいる、異様に殺気立った会社。

□　夜逃げして逃げまわっている人や借金地獄で誰かから追われている人や、そうそう出逢うことのない、驚くほどわけありな人ばかりがいる会社。

□　会社のあるビルが妙に薄気味悪く、暗くてどんよりしていて鳥肌がたつような雰囲気の会社。

□　会社内が汚れていて、そこにいる人もどんよりしていて、活気がまったくない会社。

□　いわくつきの場所にある会社。

とても不思議なのですが、知らずに前記のような会社に入ってしまった場合や、何かしらお金のことでせっぱつまっていて、急いで〝どこでもいいや！　とにかく手っ取り早くお金も稼ぎたいし〟と、前記のような会社に勤めてしまった場合、まともな人なら必ず、その会社に入ってすぐ頭痛がしたり、体調を壊して出社できなくなったり、家族や子供が病気になって、イヤでも会社を休まないといけなくなったり、なぜか葬式や病人や薬代のためにお金が出ていくことが急に増えたりします。

あるいはまれに、いきなり会社がつぶれたりして、みんなが悪いエネルギーフィールドから一度に解散させられたりもします。

　または、あなただけ、誰よりも先に、リストラされたりします。

　そんなふうに、とにかく「ひろわないほうがいい会社」というのは、〝ここに働きに来たとたん、いやなことが続くなぁ〟というような、なんとも胸の中がすっきりしないことが必ず何か起こるものです。結果的に、そこでの稼ぎが続かないようなことになります。

　これはつまり、宇宙が、あなたに、その会社はあなたに適していないと教えたいから、起こることなのです。

　一見これは、「せっかくこの会社に就職が決まったのに、ゲンの悪いことばかりで、なんでこんなに調子狂うのだろう」と、感じるでしょう。何かイヤなことが自分に起こっているのではないかと心配にもなりますが、波動の観点からすれば、実は良かったことなのです。

　なぜなら、そういうイヤなことがあれば、テキメンにその会社がイヤだと思えるからこそ、そこをあとにしやすいからです。

とにかく、これらの現象は、あなたを守り、もっとあなたにとっていい仕事できれいなお金を与えようとしている魂の働きの現象なのです。

ではなぜ、魂はすんなりと、最初からいい職場をあなたに与えないのでしょうか。それは、〝ネガティブな方向へ引っぱられることから逃れられなかった、何かしらの原因が、あなたの中にある〟ということを伝えるためです。その〝原因〟に対してあなた自身を目覚めさせるための警告でもあるからです。

人はぬくぬくと生活していたり、生ぬるいことをしているときは、大切なことに気がつかないものです。しかし、はっとするほどイヤなことがあったり、思わしくないことが続くことで、ようやくはっきりと、正しいことや望んでいることに目覚めることがあるのです。

誰も、毒されたフィールドで、人のためにならない、自分のレベルさえも落とすような仕事はしたくないものです。
しかも、職場というのは、一日のうちでも、家にいるよりも長い時間を過ごさないといけない場所だからこそ、気をつけて、選ぶべきなのです。

上手に〝ひろわない〟コツ

あらかじめわかるあなたに合わない会社はコレ！（面接の時点でわかること）

□面接の日、昨日まで晴れていたのに、その日に限って、土砂降りの雨だったり、雷が鳴ったり、台風になったりして、異様に天気が荒れてしまう。ところが、自分では面接に行けないことが残念ではなく、むしろその会社に面接に行けないことに、なんだかほっとする。

そして翌日、「カラッと晴れたし、やっぱりもう一度面接を受け直そう」と思っても、電話が通じなかったり、担当者がつかまらなくて、なかなか面接にたどりつけない会社。

□ その会社に行くまでに、(いつもはどこへ行くのもそんなことはないのに)電車を乗りまちがえたり、道行く人に何人尋ねても、さっぱり会社の場所がわからず、とうとう面接の時間も大きく過ぎてしまい、たどり着くのにどっと疲れた会社。

□ 会社の前まで行ったとたん、「なんか、気がすすまないなぁ」と、むしょうに行きたくない気持ちになり、その会社の目の前で、「携帯電話から連絡をして面接を辞退しようか」とまで思う会社。

□ 会社に着いて、中に入れてもらったとたん、「えっ!? こんなところ!?」と、違和感をすごく覚えた会社。

□　求人情報誌に書いてある条件とまったく違うことを平気で言いだす会社。

□　面接のために社内に入ったときに、社内の人をぐるりと見渡すと、「どうも働いている人のタイプや雰囲気が私とはまったくちがう……なんか私だけ浮いている……」など、なんとなく溶け込めない空気と抵抗を感じる会社。

□　面接で「では、明日から来てください」と、言ってもらっているにもかかわらず、「よその会社に面接に行きたい」と、むしょうに他社が気になったり、そこに別に受からなくてもいいという意識が強かったり、あるいはそこで働く自分を想像すると抵抗があったりする会社。

□　なんだか気持ち悪い感じがして、イヤだという雰囲気がある会社。

□　そこでテキパキ働く自分のイメージがまったく浮かばない会社。

□ 自分のためにここに面接に来ているのに、なぜか他人事《ひとごと》のように感じて、現実味がまったくなく、何も感情がわかない会社。

□ 面接をしてくれている人が一生懸命、何か話しているのに、何も耳に入ってこないし、何も心に届かないし、なんか変！　と感じる会社。

□ 面接していたときは気がつかなかったけれど、面接が終わって会社から出たとたん、どっと疲れが出て、「なんであんなところに面接に行ったのだろう。何か特別悪いことを言われたわけでもないのに、自分のエネルギーを奪いつくされたように感じた」というような会社。

□ なんかいまいちピンとこないという会社。

面接時に、前記のようなことがあったのに、何を血迷ったか就職してしまった場合、たいがいあなたはそこで長続きしないことでしょう。そして、あなたは親や友達にこう言うはずです。
「最初からあの会社じゃないとは思ってたのよ」と。

上手に〝ひろう〟コツ

あなたにとって良いご縁があったり、幸運をくれる会社はコレ！

□　ふと買って帰った求人情報誌を見たら、前々から、〝あの会社が、求人していたらいいなぁ〜〟と思っていて、そこで働くことをあれこれずっとイメージしていた憧れの会社の募集が載っていた。しかも、応募のしめきりが明日というぎりぎりセーフの中で、連絡してみるとスッと面接に迎え入れてもらえて、わくわくして受けた会社。

□　会社をいくつかリストアップしたときに、あるひとつの会社にだけ、何の根拠もないけど、すんなりリラックスした状態で、ピンと来た……というか〝あっ、私ここで働くことになる〟という感覚があり、その感覚が、自分の中でしっくり落ち着いた会社。

□　面接に行ったとたん、その会社のとてもよい雰囲気や波動を感じ、ワァ〜ッと、感動するような、そこにいるのがうれしくなった会社。

□　面接に行った先で、お茶など出されて、そのお茶を出してくれた女性を見たときや、社内をなにげなく見回したときに、〝あっ、なんだか私、あの人と仲良しの友達になるだろうなぁ〟というのを感じてしまうなど、どこかなつかしいホッと安心する人のいる会社。

□　求人情報誌で見た瞬間から、〝ここだ〟と気負いなく納得して、受け入れられた会社。

□すべての条件が、まるで自分の都合に合わせてくれて配慮してくれたかのような、願ってもない求人・就業内容になっていて、そのことに驚いたり、思わず笑いがふき出てしまうような会社。

□好きな仕事内容で、それにかかわるのがとにかく楽しくて、わくわくしてしかたがない会社。

□自分が次にステップアップしたいと思っていた条件を備えている会社で、将来、そこを巣立つときにも、そこで働いたことが後々の人生に大いに役立つことになるのが目に見えてわかる会社。

あるいは、とりあえずここで働くことで、次の飛躍につながるのは確かだと、何かわくわくする未来展望を感じられる会社。

□　上司がとても素敵で、人間的魅力あふれる人で、その人との仕事ならがんばれそうだと、はりきりたくなる会社。

□　タイミングよく、なんらかの驚くような形で、出逢った会社。

□　〝あなたのような人にぜひ来てほしい〟というあたたかいコールや、〝あなたを好条件で迎えたい。大切にしたい〟と、熱心に良心的な心で、あなたにとっていい形で待遇を考えてくれて、あなたの持つ素晴らしい能力を最も良い形で発揮させたいと考えてくれる会社。

□　あなたのすべてが活かされ、思う仕事が思う存分できるという会社。

□　無条件に、そこにいることで魂がよろこんでいるのがわかる会社。

抵抗感を無視・軽視する行為

抵抗を感じること自体、そのことの答え！
そこにあなたを守る警告がある！

一般的に、人は、〝あまり抵抗感を持ってはダメよ〟などと言って、人に「抵抗感」を捨てることをアドバイスしたりすることがあります。

しかし、ここで言いたいことは、それと反対です！

〝抵抗感を無視・軽視してはいけない〟ということを、むしろお伝えしたいのです。

つまり、自分がかかわる何かに抵抗感を感じることで、そこからひろえるだけのメッセージをつかみとりなさいということなのです。なぜなら、そこには、その先に対する真実の答えがあるからです。

私のやっているエネルギーワークの観点から物事を考えた場合、**「抵抗感」というのは、重要なメッセージを示す、とても大切なキーワードとなります。**

ですから、あなたが何かに対して抵抗を感じることがあれば、充分感じて、知りつくすことをおすすめします。

たとえば、人が、誰かと会うとき、一緒にいるとき、何かをするとき、どこかに行くとき、何かを言ったとき、何かをすすめられたとき、何かを提示されたとき……。いろんな場面において、何かしら抵抗感があって気持ちがすんなりといかなかったり、止まりたくなったり、やめたくなったり、イヤだと拒否したくなったり、胸が重苦しくなったりするのは、それ自体意味のあることなのです。

実は、人間は、誰もがみんな、感受装置を自己の内部に最初から備えています。そして、その感受装置が、自分にとってよくないことをキャッチしたり、よくないことだと判断した場合、そのよくない選択や方向やまちがった道を行かないですむように、魂が各感覚器官の働きを借りて抵抗をつくり出し、その人を引き止めてくれるのです。

ですから、もしも、人間社会で言われているように、〝何にも、誰にも抵抗感など持たずに、いきなさい〟などとやっていたら、当の本人にとっては、なんともよろしくない結果に遭わされてしまうのです。

しかも、その人自身の抵抗や、そこから発生する感情や見解や判断は、他人にとってはまったく理解できないことが多く、それゆえ、他人は、抵抗を感じている本人に対して、なんとか説得して、スムーズにそのことを通そうとしがちになります。が、それはとても無責任なやり方であったりする場合があるのです。

繰り返しますが、抵抗を感じるということ自体、問題を含んでいる何かをキャッチしている証拠になるので、様子を見ながら、進退を見極めるようにするほうがい

いのです。

また、この抵抗は、大人だけに限らず、小さな子供にもあって、子供は子供なりに、感じた抵抗を、親やまわりの大人に必死に訴えたりすることがあります。

しかし、大人たちは、抵抗する子供に対して、叱りつけたり、わがままを言うなと、なんとか自分の思うように動かしたり、収めたりしようとしがちです。でも、絶対にそんなことをしてはいけないのです。

悲しい例なのですが、とても問題を含んでいることが多い内容なので、次のエピソードをお伝えしておきたいと思います。

ある3歳の保育園児の女の子は、自分が通っている保育園へ行くのが大好きでした。家を出たとたん、駆け出していくほど保育園が好きでした。

しかし、ある日、

「今日はイヤ！　行きたくない！　行きたくない！」

と、保育園に行くのを抵抗したのです。どんなに手を引っぱっても、カーテンにしがみついて、強く強く行くことに抵抗していました。

そんな女の子を母親は、

「わがままはダメよ！」

と、叱りつけて、連れていこうとしました。

しかし、そばにいたおばあちゃんは、いつもと様子の違う孫のことがむしょうに気になり、お母さんに、

「今日は、なんだかやけに行くのを抵抗しているから、休ませたほうがいいんじゃない？　一日くらい休んでもどうってことないじゃない。こんなに泣いてイヤだと抵抗している子をなにも無理しなくても……」

と、さとしたのです。しかし、母親は、

「風邪をひいてもいないし、熱が出ているわけでもないのに……。おばあちゃんが

そんなことを言って甘やかすと、この子がダメな子になってしまうから、なんとしても今日は行かせます！」

と、おばあちゃんの言うことをふりきり、泣いて抵抗している女の子を力ずくで連れていきました。

しかし、その日、どうなったかというと……。

信じられないことに、保育園が火事になり、なんと、その女の子だけが、唯一ひとり逃げ遅れて、命を落としてしまったのです……。

女の子は、その日の朝、〝いつもとちがう、自分にとってのよくない何かを、しっかりキャッチしていた〟のです。小さいながらも、いいえ、むしろ、まだ天使のような存在だからこそ、しっかりと宇宙からのメッセージを感覚で受け取っていたのです。

ただ、その異変を言葉で伝えるすべを持ち合わせてはいなかっただけなのです。

とにかく、女の子は抵抗することでしか訴えられませんでした。

抵抗が唯一、不本意な道へ行くのを止めてくれるサインだったのです。女の子の魂は、みごとに正しく反応していたのです。

これはなにも、恐れを抱かせるためのお話ではなく、みなさんに〝抵抗を感じること自体に意味がある〟ということを知ってもらいたかったからお伝えしたまでです。何もなければ、ほとんどの場合、抵抗を感じることはないはずなのです。

あなたも、思い出してみてください。抵抗感があったにもかかわらず、それを〝たいしたことではない〟〝気のせいだ〟と振り切って、自ら抵抗を感じる方向へ行ってしまったことがあることを。そして、そんなときは案の定、ろくなことがなかったということを……。

抵抗は、すばらしい現象です。そのことで、あなたの人生が、おかしくならないように守ってくれるのですから。

「抵抗感」は上手に〝ひろう〟ことが大切なのです。

上手に〝捨てる〟コツ

何らかの抵抗があるのにそれを無視して突き進むと、こうなる!

□ 進もうとするほどに抵抗感が強くなって、進もうにもそれ以上先に進めないようになる。

□ もうそれ以上突き進めないような強い抵抗感で押し戻されようとしているときに、それでもまだ、無理をしたり、無視したりすると、「こうなったらもうアウト!」という限界を見せられることになる。

□ 抵抗を超えて、それを無理やりやってしまうと、たいがい、ややこしい問題が発生し、そこから、その出来事なり、人間関係なり、契約なりが、水の泡になったり、後悔が残る形になる。

□抵抗を超えてやってしまったことには、「なんであのとき、ものすごい抵抗感を感じたのに無理にやっちゃったんだろう」と、後悔してもしきれない事態になったり、そのことでずっと悔しい思いをする。

□そのことを学習できるまで、つまり、「抵抗感があることに対して積極的に進むとろくなことがないから気をつけよう」と、あなたが素直に思えるようになるまで、何回も同じ目に遭ってしまう。

「抵抗感」に遭遇するのは、なにも怖いことではありません。それはよくないことをあらかじめ避けて通れるチャンスなのだから、よかったということになるのです。

抵抗感の症状は、虫の知らせにも似ています。あなたを危機から救ってくれるものだから。

いろんな場面で、こんな抵抗感があるものにはかかわらない

上手に〝ひろわない〟コツ

□　何かしらの高額な商品の契約をしようとしたときに、ローン用紙にサインするときや、印鑑をつこうとしたときに、胸の重苦しい感覚やいやな抵抗感があったら、ひとまずその日は契約をせずに時間をもらうようにする。

すると、冷静に自宅にいるときや、時間が経過していく中で、〝あのとき契約しなくてよかった〟〝あの日、よく印鑑を押さずに帰ってきたものだ。よかった〟と、思える何かに気づいたり、導かれたりすることがある。

あるいは、相手側の悪意やこちらへの損害など、何かしらネガティブな要因があぶり出されたりする。

□条件的にみると、非の打ち所のない内容で、願ってもいない話で、周りのみんなも、「いい話じゃないか、OKしろよ」と言うのだけれど、どうしても、自分の中に何かぬぐいきれないもやもやしたものや抵抗感があって、それを承諾したくないと思うときはOKしなくて正解。

そのことは、〝その人にとって〟は、よくない形で動くことになっていたはずなので（それは、年月が過ぎてから、それを契約してしまった誰かが痛い目に遭ったことを聞かされたりして、その抵抗感の理由は〝これだったのか〟とわかったりすることがある）。

□どちらかというと他人からの評判もいいほうで、会うときはいつもニコニコしている人なのだけれど、どうも深入りしたくない、誘われても抵抗感があってついていきたくない、と感じるような人とは、無理につきあわないほうがいい。

たとえ、他の人にとっては害のない人であっても、あなたとの相性では、よくない関係に発展する可能性のある人だったりする。

□ 乗ろうと思っていた乗り物や、チケットをとっていた乗り物だけれど、どうしても乗りたくない気持ちでいっぱいで、そこに我が身を連れていくのは抵抗があると感じる日は、その乗り物は利用しないようにしたり、出かけるのをやめると安心。

こういう場合、乗り物そのものにではなく、その日や時間帯に関して、その乗り物を避けたほうがいい何かがあったりするものです。

□ 前々から行こうと思っていたコンサートや場所などがあったのに、その当日になって、行きたくないという抵抗感で、出かけるしたくをする気も出ないときは、とりやめにする。別の機会にしたほうがいい理由が何かある証拠だから。

□ 今日はお酒を飲む気がしないとか、今日は残業したくないとか、今日はお肉は食べたくないとか、今日はどうしてもおふろに入りたくないとか、何かしらあなたの身体が抵抗を訴えることは、その日は避ける。

それは、あなたの細胞が疲れていたり、回復したがっている証拠であり、安静や休養やエネルギー補給を必要としているサイン。細胞は、日常的に、抵抗に限らず、いろんなことを教えてくれている。

他人の承認

誰にも認めてもらえない状況の中でだけ培われる〝偉大な力〟がある

人生の中では、何をやっても、それなりにがんばっていても、目一杯努力していても、〝誰にも認めてもらえない〟という状況や時期があったりするものです。

認めてもらいたい何かがあればあるほど、認めてもらえない状態が続くのは、苦しいものになりがちですが、実は、そういうこともまた、自分の魂があらかじめ設定している必要課題であったりするのです。

というのも、あなたの魂は、あなたが思い通りの道に確実に行けるようになってほしいと望んでおり、あなたをそこへ導くためには、どうしてもクリアさせておきたいことや、後のあなたの人生のために絶対役立つだろうということを経験させることで、最も偉大な力を、あなたにその段階で持たせておきたいという意図を働かせているからです。

その課題とは、誰にも認めてもらえないというシチュエーションの中でのみ生まれる〝自分を信じる力〟の発見です。

どういうことなのかもう少しわかりやすくお伝えしましょう。

人が、やっていることを誰かに認めてもらえないときというのは、

「なぜ、こんなにがんばっているのに、自分は認めてもらえないのか」

「どうしてこんなに努力しているのに報われないのだろうか」

「いったい、まだ何が足りないというのだろうか」

と、実にいろんなことを考えたり、さまざまな気持ちを味わうものです。

そして、そういうところに追い込まれて初めて発見するものがあったり、そういう状況に追い込まれて苦しんだからこそ大切なことに気がついたりします。改善すべき点がわかったり、方向修正の必要性を知ったり、間違った努力をしていたこと・本当にすべきこと・本来のミッションなどがわかってきたりするのです。

そして、それらの発見によって、あなたの心は、さらにたくましい力を持ち、魂には磨きがかかって、真の自己実現に向かえるようになるのです。

なぜ、そのことで真の自己実現ができるのか……。

それは、〝誰にも認めてもらえない〟という状況の中でこそ、真の自己実現に必要な「自己承認」や「自己信頼心」や「正しく必要な忍耐」が、確実に得られるようになっているからです。

こんなことを言うと、

「しかし、どんなにがんばっても、長い年月がかかるばかりで、何ひとつ誰にも認めてもらえない状況が続くと、自己実現する前に、むしろあきらめてしまうかもしれないじゃないですか……」

と、言う方もいらっしゃるでしょう。が、そうだとしたら、「そのことにこれ以上エネルギーをかけるのは、意味がない」と、自分で自分のやっていることを価値のないこととしてとらえてしまったということになってしまいます。

あるいは、それは自分自身が本気で叶えたいことではなかったのかもしれないのです。

しかし、本当に自己実現させたいことがある場合は、そこでリタイアしても、必ず再度、違う形で自分自身と向かい合うことになります。すなわち、〝自分を信じる〟という、重要な課題を乗り越えさせられる機会がやってきて、そのときが適切な時期であるならば必ずクリアできるようになっています。

この長い人生、自分の思い通りの人生を実現しようとしている中では、他人に認めてもらうことで開かれるという道もありますが、それよりも先に〝まず自分を信じる！〟ことがなければ、他人も道を開けてはくれないのです。揺るぎない自己信頼心や、自己承認は、自分のために、絶対に必要なのです。

〝自分を信じる〟ということには、偉大な力があります。そのパワーのおかげで、とてつもないことを成し遂げられるようにできているのが人間なのです。

そして、その力は、「誰かに認めてもらいたい」とか、「他人に自分の何かを認めさせたい」という意識や執着を捨て、自分自身を信じきって行動したときに、幸運とともに夢のドアを開くのです。

こうして、自分自身を信じて揺るがぬ気持ちで夢を叶えた人は、他人の承認といわず、共鳴、感動、祝福、鳴りやまぬ拍手さえも、受け取ることになるのです。

よからぬ想像

〝そうなっては困る〟ことは思わない！
かわりに〝そうなってうれしいこと〟を

あなたの中で固定されてしまっているネガティブなイメージは、すぐに捨ててください。

なぜなら、その固定されたネガティブなイメージにより、そういう現実を引き起こすようになるのが、イメージの力の働き方でもあるからです。

逆に、あなたの中で固定されているポジティブなイメージは、持っていていいのですが、なおいいのは、それを固定した形ではなく、さらにバージョンアップした形に飛躍させてみるということです。

ネガティブなイメージも、ポジティブなイメージも、あなたの中で強烈なビジョンとなったとき、それなりの一種の感情を生み出すものです。そのことが本当のことであるかのように錯覚するほど……。

すると、そこで生み出された感情からは、同質のエネルギーが発生し、それを外界や宇宙に届けて、あらゆる同質の共鳴物と共鳴し、人や出来事を介して、それを現実に引き起こそうとしてしまうのです。

そのくらい、**イメージの持つ力と働きは強烈なので、いやなことや困ったことが現実になってほしくないなら、なってほしくないことは、イメージしないようにするといいのです。**

たとえば、お金持ちになりたいと思っているのに、自分がお金に困っている状態が長いこと続いているというのは、実は、〝お金が欲しい〟と思っているのではなく、〝私にはお金がない〟というイメージが強烈に自分自身を支配しているということなのです。

イメージは、その人の中で最も強烈に生み出されているほうを優先して叶えようとするので、お金がないという毎日だけが、なんだか延々と続いている現実になってしまっているということなんです。

ですから、そういう人はまず、〝お金がない〟という固定されたネガティブなイメージを捨てることによって、そうなる現実を回避しましょう。そのうえで〝私にお金が入ってくる！〟〝私はお金に恵まれる！〟という肯定的な言葉を、現在進行している状態であるという確信のもとで使い、新しいイメージを「ひろう」必要があるのです。

この新しいイメージはどこからひろうのかというと、あなたにそういう現実を与えようとしてサポートしてくれる宇宙の働きの中からひろうのです。

あなたが〝望め〟ば、その時点から望みに沿った行動をしはじめるので、必要物が整ってきます。すなわち、あなた自身が幸運をひきつける磁石のような存在になるというのが、「イメージ」の効力なのです。

また、彼が欲しいのに、なかなか彼ができないという人がいます。そういう人が、まず捨てるべきなのは、〝私ってぜんぜん彼氏ができないわ〟という固定されたネガティブなイメージです。

これも、前述のお金の話と同様で、〝彼が欲しい〟と思っているわりには、自分自身の中には、〝私には彼氏ができない〟という強烈なイメージがあるということです。それゆえ、自分で彼ができない現実を延々とつくってしまっているわけです。

その他、〝いいことがたくさん起こってほしい〟と思っているつもりなのに、実は、〝いいことなんて、全然ない！〟というほうのイメージが強烈に勝っている人。〝結婚したい〟と望んでいるつもりが、〝このまま結婚できないかもしれない〟という、心配でネガティブなイメージのほうに強烈に支配されている人。……これらも、同じことです。

ときどき、「ポジティブなことを思っているのに、全然よくなりません！」なんて、ブーブー言う人がいたりもします。そういう場合もまた、ポジティブなことを思っているつもりでも、そのことが本当にうまくいくのかどうか疑問に思っていたり、結果の心配ばかりしているせいで、強烈な否定的イメージが、叶ってほしいほうのポジティブなイメージを邪魔しているということです。

イメージの持つ力は、馬鹿にできないほど強烈なパワーであなたを支配しています。顕在意識の上では「そんな否定的なことを思っているつもりはない」という場合でも、**潜在意識下では、強烈に気にかけているほうの思いが蓄積されてしまっていて、それをあなたが知らないうちに、進行させているということです。**

しかし、恐れる必要はありません。あなたが、なってほしくないほうのイメージを持ってしまっているのだとしたら、それを捨て、新しく〝なってほしいほうのイメージ〟にさえしてしまえば、あなたが欲しいそのことが現実になります！

第3章

徹底して幸運になる
『リッチをひろえる超右脳思考』

捨てたことで空いたスペースに入れたい
黄金の思考はコレ！

毎日ツイてる！

今日も明日もあさっても、いつもいい日がいい！
悪い日などいらない！

能天気にも、私はいつも「毎日ツイてる！」「毎日がラッキーデー！」と、思って生きています。

「なんでそう思えるのですか？　世の中、イヤなこと多いじゃないですか!?」と、言う人もいますが、これは理屈ではなく、そう思っているほうが楽しいからそうやって生きているだけなんです。

すると、実際、やはり私にはいいことが多く起こります。

日常の中で、「ありがとうございます」「うれしいです！」「感謝します」という言葉が、途絶える間がないくらい、いいことに遭遇しやすいわけです。

そして、〝そう思っていると、やっぱりそうなるんだ！〟と、確信できるのです。私のもとに、いいことがたくさん訪れれば訪れるほど、このルールは私の中で確立され、疑いようのない真理となり、その真理にしたがって宇宙が働いてくれるようになるので、いいことが次々に起こるということがあたりまえのように思えてきます。

結果が出て、自分が実際に体験すればするほど、その考え方は確立されていき、揺らぐことがなくなっていきます。

第2章の「よからぬ想像」の項でも、お伝えしたように、人は、思いやイメージの作用を必ず受けるのです。そして、思いやイメージに影響されて現実が動いていく、という働きも宇宙的にあるのですから、〝そうなってほしい〟という毎日を、うきうき考えていることで、実際、叶っていくんですよ。

私が、なってほしいことについて思うことや、イメージしたりすることについてお話しすると、

「どのくらい長い時間、そんなふうに思っていたらいいのですか？」

とか、

「イメージする時間帯はいつがいいですか？　よく本で読んだりするのですが絶対寝る前でないといけませんか？」

とか、

「何カ月くらい続ければ効果は出ますか？」

などと聞いてこられる人がいます。

が、**イメージは、時間の長さとか、年月の長さよりも、〝一瞬でも強烈に刻まれることで、効果が出る〟ものなのです。**

なので、私は、「毎日ツイてる！」「毎日がラッキーデー！」みたいなことを四六

時中考えているというのではなく、

「今日もツイてるに決まってる！」

と、うきうき気分で、〝一瞬、確信しているだけ〟なんです。

そこに恐れや疑う気持ちがなく、すんなり思えたことは、すんなり叶うようになっているのです。

こんなふうに、イメージの働きは、とてもシンプルでいて、よくできている優れものなんです!!

だから、あなたも、自分がどんな毎日を送りたいのか、どんな人生にしたいのかを、しっかり確実に刻み込む瞬間を大切にしてください。いいイメージを、瞬間的にでもしっかり刻み込んでいれば、自然と、イメージしたとおりの毎日や人生を生きているはずです。

ですから、あなたもまずは、生きたい人生のイメージをしてみてください。

すべての思いは報われる

やっていることが報われるのは自然の摂理！
いいことはいい形になる

やっていることが報われるのは自然の摂理です。なので、努力していてもなかなか芽が出ないとか、結果が早く来ないからといって、心配したり、あせったり、動揺したり、無駄なことをしていると思うことはないのです。

〝どうせやっても無駄かもしれない〟という中途半端な気持ちを捨てて、〝やるだけやったら悔いはない〟という生き方をしてみてください。それだけでも、あなたという人間が何倍にも光り輝き、人生が豊かになるはずですから。

すべての収穫は、種を蒔《ま》いてそれを育てた人にのみ与えられます。

種まきした人は、そのことに手間とエネルギーをそそぐことによって、確実に成果を生むことができるのです。これは自然界の、この宇宙の真理です。

もちろん、その〝やったこと〟がいいことであればいい結果を、よくないことであればよくない結果を手にすることになるわけですが……。

しかし、ときには、何かを一生懸命やっていても、何年もやっていても、なかなか形にならないことがあったりもします。

そういうときには、やっていること自体に何か間違っているところはないか、やっていることの方向性がずれていないか、やっているタイミングや時期が悪くないか、やろうとしていることと自分の力量に大差がないか、などを検討する必要があります。

そして、自分が努力しているにもかかわらず、あまりにも思う結果が得られないとするならば、原因をそうやって探り、見つけ、改善する勇気を持つことが大切です。

そのときに、

「ここまでやったのに、やり方をいまさら変えるのはイヤだ」

とか、

「方向のズレといってもささいなものだから、まぁこのままいってしまってもいいことにしよう」

とか、

「ここまでやったものをいったん壊して、新たにつくるのは大変だから、何とかこのまま持ちこたえさせよう」

などという姿勢で、本気で改善することに取り組まずに、その不本意な現実の先に進もうとすると、必ず、二度手間になることや、結局やり直したり、取り組み方を変えないといけないようなことが現れて、余計におかしなことになったり、ダメージを受けることになるものです。

それもこれも、これまでやったことが現実になっている状態なので、〝何をどのように〟〝何のためにやろうとしているのか〟という使命（ミッション）を明確にしていないといけないのです。

使命（ミッション）を持って、物事に当たる人は、必ず、やっていることの中で数多くのいいチャンスや導きや重要人物や出来事が好転するという場面が与えられるのです。

人生はいいことだらけ

神様は、思い通りの幸せを生きていくためのすべてを与えてくれている

この間、20代の女性から、こんな相談をされました。

「先生の本を読んで、すごく共感して、私も明るく自分の人生を考えて楽しく生きていこうとしていたんです。ところが、私のまわりの大人の人たち、親や会社の上司と話していると、

『人生は、そう簡単にいくものではない』

とか、

『人生には苦労はつきものよ！　甘いことなんかあるわけないじゃない！』

とか、

『人生はうれしいことよりも辛いことのほうが多い』というようなことを言われて、なんだか一気に気分がブルーになってしまったんです。

そして、それから〝やっぱりそういうものなのかなぁ……私の考え方が夢見る夢子ちゃんすぎたのかなぁ……〟とか思い始めて、なんだかやけに落ち込んだところから立ち直れないのです。いったい本当は、どうなんですか？」

と。

私の答えは、**〝その人の思った通りの人生が来るだけです〟**ということです。

ですから、自分が納得できない、共感できない、否定したくなるような他人の人生観は捨てて、自分の願う人生観を持ってください。

「人生は、そう簡単にいくものではない」と、ネガティブな見解で固定された考え

方でいる人は、その言葉通り、簡単にうまくいかない人生を歩んでいるのでしょう。
「苦労はつきものだ」という人には、苦労がつきまとう人生が、「うれしいことよりも辛いことのほうが多い」と思っている人には、辛いことのほうが多い人生が待っているのです。

なぜなら、人は、誰もみな、自分の中に掲げた信念に沿った生き方をしようとするものだからです。

そして、それがいいか悪いかに関係なく、思考通りの現実が叶えられるというのが、潜在意識の宇宙の法則なのです。

それで私の場合は、人生に対するイメージや信念を、
「人生いいことだらけ！」
「奇跡が起きて、夢が叶う！」

「人生は暖かくて優しくて愛にみちたものだ！」

と思っているので、実際、そういう現実になっているわけです。

ここで肝心なのは、あなたは親や上司や誰かの人生観の間で迷う必要もなく、自分が〝そうなりたい〟というイメージや信念を自分の人生に掲げて、自分の人生の理想を現実化したらいいということです。

どのような人生イメージを持ち、どのようにそれに共感し、賛同し、どのように取り組み、どのような結果が欲しいのかは、自分で決められるのです。

自分の人生を歩くのに、なぜ他人の掲げた人生観にいちいち合わせる必要があるのでしょうか。

共感でき、そのことで自分も感動し、同じようにしたいと思ったものなら、そこからあなたも同じような信念を持ってもいいわけですが、自分が共感できない、納得できない、否定したくなるような他人の人生観をひきずって悩む必要など一切ないのです。

そして、ここでもうひとつ付け加えておきたい重要なことは、人生に対するそれらの否定的見解を〝誰が〟あなたに言っているのかということなのです。

親か上司か友達かとかいう、そういう問題ではなく、〝どんな人が?〟ということです。それを言っているのは、人生がうまくいっている人か、そうでない人か。

それが問題だというわけです。

なぜなら、人生がうまくいっていない人に限って、人生にネガティブな見解を持っていて、それを人にもぐじぐじ説教したがるからです。

人生がうまくいっていない人が、人生を悪く言うのです。

人生がうまくいっていて幸せな人は、人生を悪くは言わないのです。

その人が、最初から人生がうまくいっている人で、ずっと幸せな人生を歩いていようが、あるいは長い艱難辛苦《かんなんしんく》を乗り越えた末に、ようやく幸せな人生が送れるようになった人であろうが、とにかく、最初からでも、途中からでも、人生がうまくいっている人たちは、人生がただいいものであるということを、自分の中のどこかで知っていたからそうなったのです。

人生は、誰にとっても、決められたものではなく、築くものなのです。

人生に対する信念という土台のもとに築いていくものなのです。

それを、自分の人生を築く力を過小評価して、不幸なのが決められた運命だと思って、恐れて、否定的に向かっていってはいけないのです。

自分が生きたい人生を持たずして、誰があなたをサポートできるでしょうか。何があなたにもたらされるでしょうか。

人生は、実にいいものです。
それは、愛と光と繁栄と富と成功と幸福に満ちたものです。

だから、何も心配しないでください。

あなたが今より幸せになりたいという気持ちと、本当に魂から望んでいる人生観を自分に掲げたとき、それは、宇宙の力を総動員してでも、叶えられる方向にいくのですから!!

奇跡は起こる！

奇跡は起こることが前提にある言葉！
だからあなたのためにも起こる！

「奇跡など起こるわけないじゃない」という人は、奇跡を見たことがないのです。見たことがないから認められないのです。

それはまるで、電気というものを知らないところに住む人の、電気に対する無理解と同じなのです。

そもそも「奇跡」は、まったくこの世に起こらないことではなく、実際に起こることが前提だからこそ存在している言葉なのです。

もしも、誰ひとり、奇跡というものを見たり、聞いたりしたことがなかったら、こんな言葉さえも生まれないのです。

ちなみに、私の言う奇跡とは、
「いまの自分にとっては考えられないような、想像もつかなかった驚くべき感動を引き連れてやってくる、超うれしすぎる、超ラッキーな、超幸運な出来事」というものです。

それがなぜ奇跡かというと、そのことが起こった瞬間から、それまでの人生がまるで嘘のように、まったく新しい別世界のような、キラキラ輝く素晴らしい人生が天からプレゼントされるからです。

そして、さらなる幸運や大金やもっといいチャンスがなだれ込んでくる、高次元なる人生へと、自分の世界が展開していくからです。

※さて、この奇跡、どのようにしたらあなたにも起こるのかは、私の著書『恋

とお金と夢に効く！　幸せな奇跡を起こす本』と、『幸せがむこうからやって来る！』（ともにゴマブックス）に、詳しく書いていますので、ご興味のある方は、読んでみてください。

宇宙の法則に従えば、あなたが本心から望んで、確信を持って期待していれば、すべてのよいことは、いとも簡単に自分のテリトリーに入ってくるのを、何度も経験できるでしょう。

そしてすべてのよいことがやってくるときは、まるで、その奇跡のほうが、あなたが望んでくれるのを待っていてくれたかのようなやり方で、しかも、まるであなたのためだけに用意されていた天からのプレゼントであったかのような状態でやってきます。

なので、奇跡が起きたときは、ただただ、うっとりと魅了されてしまい、信じられない感動で、ふわふわとしたよろこびあふれる幸せの中をただよう、恍惚《こうこつ》とした幸福で満たされます。

そして、心からの感謝が自然にあとからあとからとめどなくわいてくるのです。

みんなで幸福になる

神様は幸せ者を募集している！
そこに人数制限など一切ない！

誰かが自分より先に、いいことを手にしたり、結婚したり、出世したり、夢を叶えたり、成功したり、お金持ちになったりすると、多くの人は、

「あ〜ぁ、あの人だけ、いいなぁ〜」

と、うらやましがったり、嫉妬したり、自分を哀れんだり、まるで、世の中が不公平にできているのではないかという考えまでわいてきてしまうものです。

しかし、そんなときも、ネガティブになるのではなく、祝福の拍手を送るのが、幸運の法則です。

なぜなら、次は、あなたに、それらのよいことがもたらされるようになっているからです。

たとえば、小学校の6年生が、卒業証書を受け取り、晴れてそこを卒業して、中学校へ行ったとしても、誰も、ねたんだり、悔しがったりしないでしょ。

たとえば、あなたがそのときまだ1年生で、そこへ行くまで（6年生になるまで）には、まだあと5年もかかるとしても、あるいは、今4年生であと2年のことだとしても、6年生の人や先生や学校や神様に対して、「あの人たちだけどうして先にいいことを叶えているの⁉ 私たちにもそうしてよ！ 不公平です！ 私は不幸です」とは思わないし、抗議にも行かないし、うらんだり、嫉妬もしないわけですよね。

むしろ、はなむけの言葉やお祝いの歌を歌って、最後は大きな拍手をして、花道で送ってあげられるわけです。

それは、時期が来たらいずれ自分もそうなるのが当然だということを、誰もがわかっているからです！

実は、人生とは、そういうものなのです。人が人間としてやっておくべき課題や、魂が乗り越えるべき課題をしっかりクリアすることさえしておけば、自動的にワンランク上へ、さらにワンランク上へと、運気が上昇するようになっているのです。

しかし、人生には、学校に通っていたときにあった〝4月の進級〟のような、はっきりとしたわかりやすい変わり目（昇り目）もないし、テストもありませんから、自分が人生のレベルのどのあたりにきているのか、誰もわからないのです。

だから、自分より先に、誰かが、何かいいものを受け取ったり、幸せになったり、成功したり、大きく稼いでいたりすると、運命に見放されたような気持ちになって、落ち込んだりするのです。しかし、落ち込まなくても、来るべき順番がきたら、今度はあなたがいいものを受け取り、あなたが幸せになり、あなたが成功し、あなたが大金を稼げるわけです。

ただ、その人その人によって、叶う時期や、段階、叶えられる程度に違いがあるというだけなのです。

違いはあっても、あなたの願いも叶えられることは事実なのです。

そして、神様は、「それを叶えてあげたい」という人を人数制限なしに募集しています。いいことも、成功も、夢を叶えることも、大金を稼ぐことも、とにかく人間が望んでいることは、人数制限なしで叶えてくれるのです。

しかし、叶えられ方には、差があるのです。

先に叶えられやすい人というのがあるのです。

どんな人が早く叶えてもらえるのでしょうか。

それは、望んでいることが明確にある人で、そのことに期限をしっかり設けている人で、本気でそのことに取り組んでいる人で、よろこんでやっている人で、自分にも他人にも宇宙にも感謝の念を持っている人で、何よりも、宇宙がそういうすばらしいことを叶える存在であることを知っていて、信じている人です。

本当に必要なものは、そのつど、あなたに与えられる！

持ちたいものを持てるようになるのが宇宙の法則

何かをイヤだと感じたとき、どうしようもないものを抱え込んでいるのがわかっているとき、それらをよりよいものに変えるのは難しいと感じることがあります。それは、自分の狭い了見の中だけでなんとかしようと、抱え込んだままこねくりかえそうとするからです。

しかし、**変えることも、よりよくすることもできないものは、いっそのこと、捨**

ててしまうことで、あなたの中がスッキリするのです。

スッキリと片づいたあなたの中では、心にすがすがしい風が吹き、スッキリとしたクリーンな思考回路ができるのです。

そうなったときに、人は、本当はどうしたかったのかという、事の真相を知ったり、本当に持っているべき必要な考えや、叶えたい生き方が、なにかしら見えてきたりするのです。

そうして必要物を願ったときに、受け取るスペースができてさえいれば、たやすく求め、迎え入れられるものなのです。

精神的にも、環境的にも、関係的にも、不必要なものを持ちすぎていたからこそ、本当に必要なものを持つことができなかったのだということなのです。しかし、いったんそのことがわかれば、この世の中が実にシンプルにできていて、なんと生きやすいものなのかがわかってくるのです。

そんなことを感じていただきたくて、今回この本を書きました。

当初、この本のタイトルを私の担当者である幻冬舎文庫副編集長の袖山満一子さんは、『捨てるセラピー』にしよう！　と、おっしゃっていました。

捨てることで、いったん空《から》になれるからこそ、魂や心や環境や状況が癒されていくのを発見する瞬間があるというので、そのタイトルにしようと思っていたのです。ホントに捨てると癒されます。

しかし、捨てることでなぜ癒されるのだろう、癒されたところからはどうなるのだろうと考えたときに、

「捨てることで重かった気持ちが軽くなり、軽くなれるからほっとし、ほっとするから癒されるんだ……。そして、身軽になった自分から、新しいものがひろえるの

が人生なんだ！　癒されたことで人はまた自分の内側からパワーを生み出せるようになるんだ！

そして、その自分の内側から湧いてきたパワーが、幸運をひろうということを自然にやってしまうんだなぁ〜」

と、〝捨てると癒されるんだ〟ということに、自分の人生をふり返っていて気がついたのです。

そこで、それらをなんとかうまくタイトルに表現できないものかと思っていて、最初『捨てるセラピー』のサブタイトルとしてつけていた、〝捨てればひろえる幸運の法則〟をメインタイトルにすることにしたのです。

このほうが私の書きたい趣旨を、みんなにもわかってもらえやすいかなぁ〜と感じたので。

私の人生を通しても言えることは、一度、不本意なものを自分の心の中や、環境

や、状況や、関係の中から捨てる、ということを学ぶと、イヤなものを再びひろうことはなくなり、必然的にいいものだけが、最もいい時期に最もいい形で与えられることになるということです。

捨ててしまうということは、もう、いらないそれをひろわないということです。

必要なものは、本当は最初から自分のそばにあって、宇宙は早くそれを与えたがっていたのに、両手がふさがっていた自分が受け取れなかっただけなんですよね……。

本当に必要なものは、そのつど与えられるのです。幸運を手にしたいと、それらをひろおうとしたときに!!

☆

今回、こうして、私に新たな書く場を与えてくださった、袖山満一子さん、ほんとうに、ありがとうございます。感謝します。

「ねぇ、私はこう思うのだけど……あのね……」という私のふと思いついた話にも、いつも笑顔で優しくうなずきながらつきあってくださり、ときにはそんなやりとりのなかで見つけたものを、センスある感性で、「こんなことってどうかしら」と、お言葉にして返してくださったこと、本当に刺激的で、楽しく、ためになりました。ありがとうございます。


こうして、新しい出逢いの中で、新しい感覚が私の中に入ってきて、ますます私の魂はわくわくしています。

「佳川さんには、無限の可能性を感じるから、何かを限定せず、どんどんいろんな方向性に広げていってほしいの！」と、いくつもの提案や企画を考えてくださったこと、本当に感謝しています。とてもとてもうれしかったです。

そして、いつも私の本を読んでくださっている大切な大切なファンのみなさんにも、この本の中から、何かひとつでもピンとくるものをひろい上げていただき、それらをご自身のパワーアップのきっかけにしていただけたら、とてもありがたく、うれしい限りです。

著者　佳川《よしかわ》　奈未《なみ》

☆★　佳川奈未（よしかわ　なみ）著作一覧　☆★

《幸せな奇跡を起こすシリーズ》

◇『恋とお金と夢に効く！　幸せな奇跡を起こす本』（ゴマブックス）

◇『幸せがむこうからやって来る！』（ゴマブックス）

（※『恋とお金と夢に効く！　幸せな奇跡を起こす本』のバージョンアップ第二弾となる奇跡内容ぎっしりの感動作！）

◇『恋とお金と夢に効く！　奇跡につながる転機のサイン』（ゴマブックス）

◇『すべては必然！〜あなたを護る宇宙のしくみ30』（ゴマブックス）

◇『Birthday Promise あなたに奇跡を起こす幸せのシグナル』（大和書房）

《習慣から幸運を手に入れる素敵BOOKシリーズ》

◇『運のいい女、悪い女の習慣』（ＰＨＰ研究所／ＰＨＰ文庫・書き下ろし）

◇『成功する女、しない女の習慣』（ＰＨＰ研究所／ＰＨＰ文庫・書き下ろし）
◇『幸福感性』（ＰＨＰ研究所／ＰＨＰ文庫）
（※なみちゃんブログ厳選エッセイ＆書き下ろし原稿加筆）
◇『なぜかいいことが起こる魔法の習慣』（ＰＨＰ研究所）

《理想の自分を手にいれるシリーズ》

◇『お金持ちになる女、なれない女の常識』（ＰＨＰ研究所）

《佳川奈未のサクセスシリーズ》

◇『成功感性
〜好きなことして楽しみながらリッチな女になる方法』（ゴマブックス）
◇『成功感性2
〜さらにシンプルにゴージャス・リッチになる方法』（ゴマブックス）

《ミラクルハッピーなみちゃんのNewムックシリーズ》
◇『超ゴージャス開運BOOK／フランス版』（ゴマブックス）

《スピリチュアル・リアルな　占い・鑑定・メッセージシリーズ》
◇『幸運を呼ぶビブリオマンシー』（書物占い・永久保存版）（ゴマブックス）

《ミラクルハッピーなみちゃんの不思議な力シリーズ》
◇『ツキとチャンスが訪れる超開運BOOK』（ゴマブックス）
◇『いいことばかりが起こりだす！　超ミラクル波動BOOK』（ゴマブックス）
◇『奇跡コロコロ円滑現象やって来る！　超シンクロBOOK』（ゴマブックス）

《佳川奈未のパワフル&ハートフル　メッセージブックシリーズ》
◇『DREAM　POWER』
～一瞬で人生を好転させる魔法の言葉　100（ゴマブックス）

◇『HAPPY　POWER』
～すべての夢が叶い出す魔法の言葉　100（ゴマブックス）
◇『彼に気持ちを伝える本』（青心社）
◇『彼にもう一度めぐり逢う本』（青心社）
◇『彼との恋を見極める本』（青心社）

《女の子のお悩み解決！　セッションシリーズ》
◇『幸運をぐっとひきよせる　ハートのハッピーセッション』（ぜんにち出版）
◇『恋愛が思いどおりに動きだす！　魔法のラブ・セッション』（ぜんにち出版）
◇『LOVE　RULES』～恋愛に関する真実の答え（KKベストセラーズ）

《この世のご利益まるごといただきシリーズ》
◇『女が幸せな億万長者になる方法』（ゴマブックス）
◇『サクセス・リッチなビジネスマンになる方法・基本編』（ゴマブックス）

◇『ミラクルガールのつくり方』
～ハッピーライフと奇跡体質をGetする！（ゴマブックス）
◇『幸運の流れに乗り込む魔法のルール』
～夢を叶える運とチャンスと奇跡のしくみ（DHC）

《唱えるほど、イメージするほど、人生みるみる好転アファカ
サクセスアファーメーション・カード☆》
◇『恋とお金と夢に効く！　幸せな奇跡を起こす本』編（ゴマブックス）
◇『幸せがむこうからやって来る！』編（ゴマブックス）
◇『女が幸せな億万長者になる方法』編（ゴマブックス）

本文デザイン：竹沢菜穂

この作品は書き下ろしです。原稿枚数210枚（400字詰め）。

捨《す》てればひろえる幸運《こううん》の法則《ほうそく》

佳川奈未《よしかわなみ》

平成19年3月15日　初版発行
平成19年3月25日　2版発行

発行者——見城徹
発行所——株式会社幻冬舎
〒151-0051東京都渋谷区千駄ヶ谷4-9-7
電話　03(5411)6222(営業)
　　　03(5411)6211(編集)
振替00120-8-767643
印刷・製本—株式会社 光邦
装丁者——高橋雅之

幻冬舎文庫

ISBN978-4-344-40929-3　C0195　よ-11-1